Köstlich kochen mit Tee

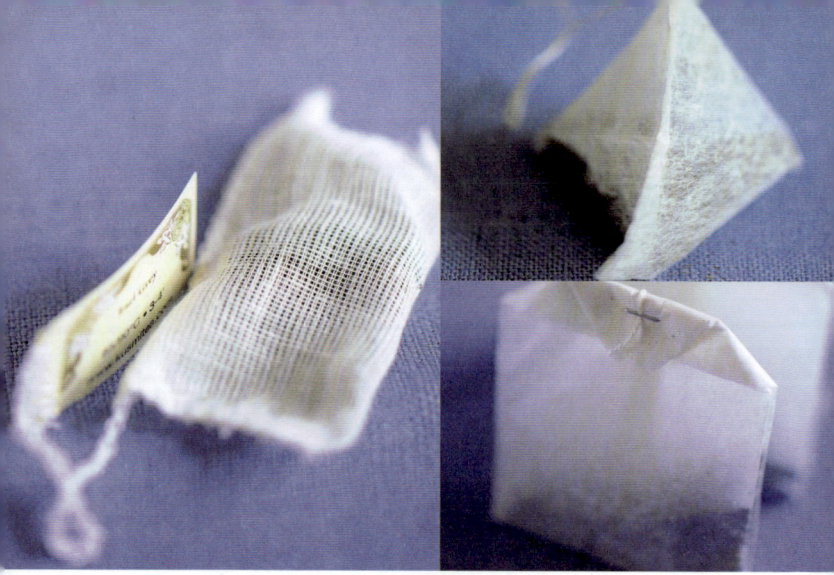

Inhalt

Schwarzer und weißer Tee — *96*

Ein kleiner Überblick über verschiedene Teesorten — *120*

Tee – das Getränk mit Tradition

Tee wird meist als heißes Aufgussgetränk serviert. Je nach Ingredienzen hat ein Tee sehr unterschiedliche Auswirkungen und Einflüsse auf den Körper. Gemeinhin verbindet man mit Schwarztee eine anregende Wirkung, Grüntee und Rooibostee gelten als Wellnessgetränke, weißer Tee hat eher exklusiven Charakter. Früchtetees werden gerne als Kindertee serviert und Kräutertees schreibt man eine heilsame Wirkung auf Körper und Seele zu.

Kräutertees, Früchtetees, Strauch- und Baumtees

In Gärten und Wiesen, an Zäunen und Parks duftet es würzig und herb. Diese Wohlgerüche und das starke Aroma vieler Kräuter, Früchte und Blätter verführten bereits unsere Urahnen, und sie probierten, wie man diese natürlichen Aromen für den eigenen Genuss aufbereiten kann. Dabei entdeckten sie, dass ein Sud von Kräutern, Rinden oder Blättern nicht nur gut schmeckt, sondern teilweise auch erhebliche positive Einflüsse auf die Gesundheit hat. In der traditionellen Heilkunde spielten diese Abkochungen eine große Rolle.

Als Basis für das heiße Aufgussgetränk werden unterschiedliche Pflanzenteile wie Knospen, Blüten, Blätter, Früchte, Zweige, Rinden, Sträucher und Wurzeln verwendet. Viele Sorten werden in praktischen Teebeuteln oder lose abgepackt angeboten. Dennoch ist das eigenhändige Sammeln und Trocknen von zum Beispiel Kamille, Löwenzahn, Schafgarbe, Holunderblüten, Salbei oder natürlich Minze noch immer beliebt. Der daraus gekochte Tee schmeckt einfach aromatischer.

Der Rooibostee ist in Deutschland erst seit 20 Jahren bekannt. Das traditionelle Aufgussgetränk aus Südafrika wird aus den Zweigen des Rooibos hergestellt, einer Hülsenfrucht-Pflanze. In Südafrika wird er schon immer auch gerne als Basis vieler Koch- und Backrezepte verwendet.

Sind Sie bisher noch kein Kräuterteetrinker, kosten Sie doch einmal eine Tasse. Denn natürlich ist die heilsame Wirkung spezieller Sorten auf Körper und Seele unumstritten vorhanden. Doch die meisten angebotenen Mischungen sind schlichtweg Genussmittel. Kräutertees verbreiten im Winter im Körper eine angenehme innerliche Wärme und im Sommer wirken sie – kalt getrunken – erfrischend und belebend.

Grüner, schwarzer und weißer Tee

So sehr sich die Geschmackswelten von schwarzem, grünem und dem exquisiten weißen Tee auch unterscheiden mögen, so ist es doch interessant, dass diese Teesorten aus ein und derselben Pflanzenart hergestellt werden. Auch diese Aufgüsse wurden traditionell aus frischen Blättern hergestellt, doch da die Teeblätter schnell verderben, sind frische Blätter nicht für eine längere Bevorratung oder gar den Export geeignet.

Für Tees, die später lose angeboten werden, lässt man die Blätter nach der Ernte welken, heute meist maschinell, früher durch Ausbreiten in der Sonne. Dann werden sie gerollt, um die ätherischen Öle freizusetzen. Anschließend werden die Blättchen sortiert, um sie qualitativ zu trennen. Sollen sie zu schwarzem Tee werden, folgt nun die Oxidation, das heißt, sie werden leicht erhitzt. Das wirkt sich entscheidend auf das Aroma aus. Bei Blättern für grünen und weißen Tee wird auf das Oxidieren verzichtet. Anschließend werden die Blätter getrocknet.

Diese Erläuterung beschreibt das allgemeine Procedere. Je nach Teesorte gibt es noch feine Unterschiede. Und Teeblätter, die zu Beuteltee werden, erfahren meist eine weniger liebevolle Aufbereitung.

Echte Teekenner wissen, dass es unter den Schwarz-, Weiß- und Grünteesorten ganz erhebliche (Qualitäts-)Unterschiede gibt. Tee ist nicht gleich Tee, und selten handelt es sich um Blättchen aus einem einzigen Teegarten, sondern um eine aus vielen Sorten kunstvoll komponierte Mischung. Tee ist ein Naturprodukt. Deswegen unterscheiden sich Geruch und Geschmack der empfindlichen Teeblätter bei jeder Ernte leicht. Regelmäßig müssen sich Spitzen-Degustoren (Zungensachverständige) von neuem bemühen, das gewünschte und für diesen Tee typische Aroma zu treffen, indem sie mit Blättern aus verschiedenen Ernten und Teesorten jonglieren und sie zu einem harmonischen Endprodukt zusammenfügen. Der richtige Mix macht den Geschmack!

So viel in aller Kürze zur Theorie. Die Welt des Tees ist so weit, dass man sich zu diesem Thema in der Beschreibung und Aufzählung von Tee-Details verlieren kann. Doch viel interessanter für ein Tee-Kochbuch ist doch, dass Tee heute hierzulande in erster Linie ein Genussmittel ist. Und dass Tee eben nicht nur als Getränk Genuss verspricht!

Die Temperatur des Wassers, die Menge der Teeblätter und die Ziehdauer bestimmen das Brühergebnis.

Die wichtigsten allgemeinen Aufguss-empfehlungen ...

... für Kräutertees, Früchtetees, Strauch- und Baumtees:

Für Kräutertee 2 Teelöffel getrocknete oder 3 bis 4 Teelöffel frische Kräuter in 250 Milliliter sprudelnd kochendem Wasser 5 bis 10 Minuten ziehen lassen. Je nach Sorte sollten die Tees offen oder abgedeckt ziehen.

Für Früchtetee verwendet man in der Regel 1 gehäuften Teelöffel pro Tasse, übergießt die getrockneten Früchte mit sprudelnd kochendem Wasser und lässt den Tee 5 bis 8 Minuten ziehen. Nach Geschmack auch länger. Bei Rooibos- oder Lapachotees gehen die wertvollen Inhaltsstoffe nach 5 bis 8 Minuten in den Tee über.

... für grünen Tee:

Seine optimale Aufbrühtemperatur beträgt 65 bis 80 °C. Um diese Temperatur zu erreichen, lässt man das frisch gekochte Wasser offen etwa 2 Minuten abkühlen und überbrüht dann die Teeblätter. Die Ziehdauer für grünen Tee ist eher kurz, zwischen 30 Sekunden und 3 Minuten. Faustregel: Je teurer und hochwertiger der Tee, desto kürzer muss er ziehen. Preiswerte Tees wie Gunpowder, Chun Mee oder einfache Jasmintees können 2 bis 3 Minuten ziehen.

Damit die nicht fermentierten Teeblätter ihr Aroma voll entfalten können, verwenden Sie zur Zubereitung am besten ein großes Teesieb oder seihen den Aufguss nach dem Ziehen in eine zweite Kanne ab. Grüner Tee wird sparsamer dosiert als schwarzer. Es genügt 1 gestrichener Teelöffel Teeblätter (1,5 bis 2 g) pro Tasse. Manche Sorten grüner Tee können sogar mehrmals überbrüht werden.

... für schwarzen Tee:

Die Teeblätter grundsätzlich mit sprudelnd kochendem Wasser übergießen und ziehen lassen, bis die gewünschte Wirkung erreicht ist: Nach kurzer Ziehzeit (2 bis 3 Minuten) wirkt der Tee anregend. Lässt man ihn länger ziehen (bis 5 Minuten), wirkt er beruhigend und entspannend. Das liegt daran, dass bei kurzer Ziehdauer der Großteil des Coffeins, aber nur ein geringer Anteil an Gerbstoffen in den Aufguss übergeht. Hat der Tee länger gezogen, gehen mehr Gerbstoffe in den Aufguss über und sorgen für die beruhigende Wirkung auf den Magen-Darm-Trakt. Länger als 5 Minuten sollte schwarzer Tee nicht ziehen, da sonst zu viele Gerbstoffe in das Getränk übergehen und der Tee herb und bitter schmeckt.

Die Intensität des Geschmacks bestimmt hingegen die verwendete Teemenge, nicht die Ziehdauer! Für einen mittelstarken Aufguss einer Tasse Tee von 150 Millilitern genügt 1 Teelöffel Brokentee (2 g) beziehungsweise 1 gehäufter Teelöffel Teeblätter (2,5 g). Aber dies ist nur ein Richtwert und Geschmackssache. Experimentieren Sie ein wenig, recht schnell werden Sie herausfinden, wie viel Tee Sie verwenden müssen, damit er Ihnen schmeckt.

WICHTIG ZU WISSEN: Zu weiches oder zu hartes Wasser beeinträchtigt die Geschmacksentfaltung der Teeblätter. Bei hartem oder chlorhaltigem Wasser empfiehlt es sich, dieses vor dem Aufguss etwas länger kochen zu lassen – allerdings auch nicht zu lange.

Kräuter- und Blütentee

Brennnesselsuppe mit Löwenzahnknospen-Crostinis

Brennnesseltee: 4 EL getrocknete Blätter mit 250 ml sprudelnd kochendem Wasser übergießen. Den Tee 15 Minuten ziehen lassen. Die Teeblätter werden anschließend mitpüriert, wie im Rezept beschrieben.

Zutaten für 4 Personen:

*1 Schalotte | 1 Knoblauchzehe | 2 Kartoffeln (150 g) |
4 EL Olivenöl | 250 ml Brennnesseltee inkl. der Teeblätter |
500 ml Milch | Salz & Pfeffer | Muskatnuss | 250 ml
Gemüsefond | 125 g Sahne | 4 dünne Scheiben Baguette |
ca. 20 kleine junge Löwenzahnknospen (alternativ Kapern)*

Zubereitung:

Schalotte und Knoblauch abziehen und fein würfeln. Die Kartoffeln schälen und mundgerecht würfeln. 2 EL Öl in einem Suppentopf erhitzen und das Gemüse darin anschwitzen. 4 Minuten pfannenrühren.

Den Brennnesseltee inklusive der Teeblätter angießen und mit dem Gemüse pürieren. Das Püree mit Milch aufgießen, mit Salz, Pfeffer und Muskatnuss nach Geschmack würzen. Den Gemüsefond angießen und die Suppe noch 5 Minuten leise köcheln lassen.

Währenddessen die Sahne halbsteif schlagen. In einer beschichteten Pfanne 1 EL Olivenöl erhitzen und die Baguettescheiben darin auf beiden Seiten anrösten. Herausnehmen und erneut 1 EL Öl erhitzen. Die Löwenzahnknospen sowie 1 Prise Salz darin bei schwacher Hitze 2 Minuten schwenken. Auf den 4 angerösteten Baguettescheiben verteilen.

Die Suppe heiß auf 4 Schüsselchen verteilen und jeweils mit einem Klecks der Sahne garnieren. Mit Knospencrostinis servieren.

TIPP: Löwenzahnknospen finden Sie vor allem im Frühjahr. Zu anderen Jahreszeiten können Sie stattdessen Kapern verwenden. Diese werden genauso zubereitet wie die Löwenzahnknospen.

Bouillabaisse mit Fenchel und Anis

Fenchel-Anis-Tee: Je 2 EL Fenchel- und Anissamen in 1 Liter sprudelnd kochendes Wasser geben. 5 Minuten kochen lassen und den Tee weitere 3 Stunden im Topf ziehen lassen. Anschließend durch ein feines Sieb abseihen.

Zutaten für 4 Personen:

*1 kleine Fenchelknolle | 2 Zwiebeln | 3 Knoblauchzehen |
1 EL Olivenöl | 1 l Fenchel-Anis-Tee | 500 ml Fischfond | ½ Bund
Petersilie | je 1 EL frisch gehackter Thymian, Salbei, Rosmarin |
Salz & Pfeffer | 0,1 g Safranfäden (1 Briefchen) | 500 g fettarmes,
festes Fischfilet – gerne verschiedene Sorten (z. B. Seeteufel,
Knurrhahn, Rotbarbe) | 8 Scampi | 20 Muscheln (Sorte nach
Belieben)*

Zubereitung:

Den Fenchel waschen und putzen, die Stängel abschneiden, das Grün beiseite legen. Die Fenchelknollen längs vierteln, vom Strunk befreien und mundgerecht würfeln. Die Zwiebeln und den Knoblauch abziehen. Die Zwiebeln fein würfeln, die Knoblauchzehen mit der Gabel zerdrücken.

Das Öl in einem großen Topf erhitzen. Die Zwiebeln darin anschwitzen. Die Knoblauchzehen und den Fenchel zugeben und kurz anbraten. Mit Fenchel-Anis-Tee und Fischfond ablöschen und 30 Minuten sieden lassen. Dann die Petersilie waschen, trocken schütteln und fein hacken. Zusammen mit den Kräutern in den Fond geben.

Die Fischfilets nach Sorten getrennt in mundgerechte Stücke schneiden, pfeffern und salzen. Die Safranfäden zwischen den Fingern zerreibend in die Suppe geben. Die Fischfilets in den siedenden Fond gleiten lassen: Je nach Festigkeit des Fleisches nacheinander zunächst das Filet mit der längsten Garzeit, letztlich das mit der kürzesten Garzeit. Den Fisch gar ziehen lassen, den Fond dabei nicht kochen lassen!

3 Minuten vor Ende der Garzeit die Scampi und Muscheln obenauf legen und mitgaren lassen.

UND DAZU: Die Bouillabaisse mit frischem Baguette und evtl. Rouille (traditionelle Knoblauch-Chili-Mayonnaise) servieren.

Tomatencremesuppe mit Galgant

Galganttee: 2 EL getrockneten, geschnittenen Galgant mit 400 ml sprudelnd kochendem Wasser überbrühen. Den Tee 20 Minuten ziehen lassen, dabei gelegentlich umrühren. Durch ein feines Sieb abseihen.

Zutaten für 4 Personen:

800 g frische Tomaten | 100 g Butter | 400 ml Galganttee | 250 g Sahne | 1 TL Essig | Salz & Pfeffer | 15 g frische, kleine Spinatblätter | 50 g Champignons

Zubereitung:

Die Tomaten kreuzweise einritzen, in eine Schale legen und mit kochend heißem Wasser überbrühen. Mit einem Löffel herausheben, häuten, vierteln, dabei den Stielansatz und die Kerne entfernen. Den auslaufenden Saft auffangen und wieder zu den Tomatenvierteln geben. Die Tomaten samt Saft mit der Butter in einem Topf weich kochen lassen. Anschließend im Mixer pürieren.

Das Tomatenmus, den Galganttee und die Sahne wieder in den Topf geben und zum Kochen bringen. Unter Rühren einmal aufkochen lassen. Mit Essig, Salz und Pfeffer abschmecken.

Die Spinatblätter waschen, trocken schleudern und die Stiele abknipsen. Größere Blätter zerzupfen. Die Champignons trocken abreiben, die Stielenden abschneiden und die Hüte blättrig schneiden.

Die Champignonscheiben und Spinatblätter in der warmen Suppe 2 bis 3 Minuten ziehen lassen. Die Suppe sofort servieren.

AROMA: Der Galgant hat ein leicht scharfes, meerrettichähnliches Aroma, das der Suppe ein interessantes, frisches Aroma verleiht.

In Löwenzahntee geschmorte Endivie

Löwenzahntee: 1 EL getrocknete und zerriebene Löwenzahnblätter mit 250 ml sprudelnd kochendem Wasser überbrühen. Den Tee 20 Minuten ziehen lassen. Durch ein feines Sieb abseihen.

Zutaten für 4 Personen:

1 Kopf Endiviensalat | 1 Zwiebel | 25 g Butter | Salz & Pfeffer aus der Mühle | 250 ml Löwenzahntee

Zubereitung:

Den Salat vom Strunk aus in Viertel schneiden und diese unter reichlich fließendem Wasser sorgfältig waschen. Die Salatviertel gut abtropfen lassen.

Die Zwiebel abziehen und achteln. Die Butter in einer großen Pfanne zerlassen. Sobald sie schaumig ist, die Zwiebeln darin goldgelb anbraten.

Die Salatviertel mit der Schnittseite nach unten in die heiße Pfanne legen. Mit Salz und Pfeffer würzen und abgedeckt 2 Minuten bei schwacher Hitze schmoren lassen.

Die Endivie mit dem Löwenzahntee ablöschen. Weitere 5 Minuten bei schwacher Hitze abgedeckt garen, sie muss nicht gewendet werden.

UND DAZU: Die geschmorte Endivie schmeckt als Beilage oder als Vorspeise mit frisch gehobeltem Parmesan.

WISSENSWERT: Die vielen Bitterstoffe aus Endivie (Frisée) und Löwenzahn regulieren die Verdauung und kurbeln den Fettstoffwechsel an.

Kohlrabigemüse mit Zitronenverbene und Scampi

Zitronenverbenentee: 4 EL getrocknete Zitronenverbenenblätter mit 500 ml sprudelnd kochendem Wasser überbrühen. Den Tee 20 Minuten ziehen lassen. Durch ein feines Sieb abseihen.

Zutaten für 4 Personen:

4 junge, kleine Kohlrabis | 30 g Butter | 500 ml Zitronenverbenentee | 1 TL Salz | 2 Lorbeerblätter | 1 Eigelb | 1 EL Sahne | 200 g Krabben (vorgegart, wahlweise auch Büsumer Nordseekrabben) | Pfeffer aus der Mühle

Zubereitung:

Die Kohlrabis schälen und in feine Scheiben schneiden oder hobeln. Die Butter zerlassen und die Kohlrabischeiben darin kurz andünsten. Den Tee, Salz und Lorbeerblätter zugeben und das Gemüse 10 Minuten leise köcheln lassen.

Kurz vor dem Servieren das Eigelb mit der Sahne verrühren und zusammen mit den Krabben zum Gemüse geben. Noch 3 Minuten gar ziehen, aber nicht mehr kochen lassen, damit das Ei nicht gerinnt. Mit Pfeffer würzen.

UND DAZU: Zu diesem fein-aromatischen Kohlrabigemüse schmecken Kartoffeln oder Reis.

TIPP: Servieren Sie zu diesem sommerlichen Gericht kalten Zitronenverbenentee.

Linsengemüse in Thymiansauce

Thymiantee: 3 TL getrocknete Thymianblätter mit 750 ml sprudelnd kochendem Wasser überbrühen. Den Tee 15 Minuten ziehen lassen. Dann mit den Blättern über die Linsen gießen.

Zutaten für 4 Personen:

*250 g grüne Linsen | 750 ml Thymiantee | 2 mittelgroße Zwiebeln |
1 Knoblauchzehe | 200 g geräucherter Speck | ½ TL Zucker |
2 EL Tomatenmark | 2 Lorbeerblätter | 1 Nelke |
1 Msp. Kreuzkümmel | Salz | 1 Prise Cayennepfeffer | 1 EL Essig*

Zubereitung:

Die Linsen 2 Stunden im Thymiantee einweichen. Anschließend zum Kochen bringen und 30 Minuten leise köcheln lassen.

Währenddessen die Zwiebeln und den Knoblauch abziehen und fein würfeln. Den Speck ebenfalls fein würfeln. Einen großen Topf erhitzen, den Speck darin auslassen. Den Zucker zugeben und karamellisieren lassen. Dann die Zwiebel- und Knoblauchwürfelchen unterrühren und anschwitzen.

Das Tomatenmark einrühren und die gekochten Linsen samt Flüssigkeit zufügen. Lorbeerblätter, Nelke und Kreuzkümmel unterrühren. Einmal aufkochen und dann leise köcheln lassen, bis die Linsen weich sind, aber noch etwas Biss haben. Je nach Sorte kann das 5 bis 15 Minuten dauern.

Mit Salz, Cayennepfeffer und Essig abschmecken.

UND DAZU: Das Linsengemüse schmeckt mit Spätzle oder Nudeln noch besser.

WISSENSWERT: Durch das Mitgaren der Thymianblättchen erhalten sogar die aromasaugenden Linsen ein intensives Aroma.

Pfefferminzdolmades

Pfefferminztee: 4 EL oder 4 Teebeutel Pfefferminztee mit 500 ml sprudelnd kochendem Wasser überbrühen. Den Tee 30 Minuten abgedeckt ziehen lassen. Durch ein feines Sieb abseihen bzw. die Beutel herausnehmen.

Zutaten für 4 Personen:

*2 Zwiebeln | 2 EL Olivenöl | 150 g Rundkornreis |
2 EL Pinienkerne | 500 ml Pfefferminztee | 4 EL Tomatenpüree |
100 ml Weißwein | 25 g Korinthen | 4 EL frische, fein gehackte
Minzeblättchen | ½ TL gemahlener Piment | schwarzer
Pfeffer | 1 TL Salz | Weinblätter zum Füllen (z. B. eingelegt aus
dem Glas, erhältlich im orientalischen Lebensmittelhandel) |
2 unbehandelte Zitronen*

Zubereitung:

Die Zwiebeln abziehen und fein würfeln. Im Olivenöl goldgelb anbraten. Den Reis und die Pinienkerne zufügen, mit 300 ml Minztee ablöschen und bei aufgelegtem Deckel und ganz schwacher Hitze 15 Minuten garen lassen. Währenddessen immer wieder umrühren, damit der Reis nicht ansetzt. Dann Tomatenpüree, Weißwein, Korinthen, gehackte Minze, Piment, Pfeffer und Salz unterrühren. In weiteren 10 Minuten bei ganz schwacher Hitze und unter häufigem Umrühren fertig garen.

Die Weinblätter gut abtropfen lassen. 1 Weinblatt ganz flach auf einem Küchenbrettchen oder einem Teller ausbreiten. Evtl. vorhandene härtere Stiele herausschneiden. Auf das Weinblatt 1 EL der Reisfüllung geben und das Blatt zu einem länglichen, rechteckigen Päckchen falten: Dafür zunächst die links und rechts überstehenden Blattränder über die Füllung falten, dann von der Vorderseite her aufrollen. Auf diese Weise alle Weinblätter füllen und aufrollen.

Die Reispäckchen dicht nebeneinander in eine Pfanne legen. Den Saft von 1 Zitrone auspressen und mit dem restlichen Pfefferminztee mischen. Die Dolmades damit übergießen und in 30 Minuten bei schwacher Hitze gar ziehen lassen. Die zweite Zitrone heiß waschen, trocken tupfen und in Achtel schneiden. Die Dolmades warm oder kalt mit Zitronenspalten servieren.

Orientalischer Reis mit Currybanane

Bockshornsaat-Fenchelsamen-Tee: 2 EL der Teemischung in 400 ml sprudelnd kochendes Wasser geben. 10 Minuten kochen lassen und den Tee weitere 3 Stunden im Topf ziehen lassen. Anschließend durch ein feines Sieb abseihen.

Zutaten für 2 Personen:

*2 EL Rosinen | 160 g Basmatireis | 4 EL Olivenöl |
50 g Fadennudeln | 400 ml Bockshornsaat-Fenchelsamen-
Tee (Teemischung aus dem Kräutertee- oder Bio-Laden) |
1 Kochbanane | Salz | je 1 TL Mandelblättchen, Pistazien und
Pinienkerne | 2 TL Agavensirup (ersatzweise herben Honig) |
1 EL Sojasauce | rosa Pfefferbeeren | 1 TL Currypulver |
1 Msp. Cayennepfeffer | 2 EL Ananaswürfel | 30 g Butter*

Zubereitung:

Den Backofen auf 200 °C (Umluft 180 °C) vorheizen. Die Rosinen in 100 ml Tee einweichen. Den Reis gut waschen, in einem Sieb abtropfen lassen. In einem feuerfesten Topf (z. B. im Bräter) 2 EL Öl erhitzen, die Fadennudeln grob zerbrechen und darin leicht bräunen. Den gewaschenen Reis zugeben und mit 300 ml Tee zum Kochen bringen.

Währenddessen die Banane mithilfe eines Messers schälen, ein Drittel des Fruchtfleischs fein würfeln. Den Rest der Kochbanane längs halbieren und in mundgerechte Stücke schneiden.

Den Reis nur einmal aufkochen lassen. Dann die Bananenwürfelchen unter den Reis heben. Salzen und den Reis im Ofen (Mitte) 20 Minuten zugedeckt garen. In der Zwischenzeit die Mandeln, Pistazien und Pinienkerne in einer beschichteten Pfanne ohne Fett goldbraun rösten. 2 EL Öl in einer kleinen Pfanne erhitzen und die Bananenstücke darin goldbraun braten. Mit dem Sirup und der Sojasauce ablöschen. Salzen, pfeffern und mit Currypulver und etwas Cayennepfeffer abschmecken.

Den gegarten Reis mit den eingeweichten Rosinen samt Tee, den Ananaswürfeln, den gerösteten Mandeln und Kernen und der kalten Butter vermengen. Mit den Currybananen servieren.

Wacholderbeerrisotto mit Jakobsmuscheln

Wacholderbeertee: 2 EL getrocknete Beeren mithilfe eines Holzkochlöffels leicht andrücken, damit sich ihre Schale etwas öffnet. In 500 ml sprudelnd kochendes Wasser geben. 20 Minuten kochen lassen und den Tee weitere 2 Stunden ziehen lassen. Durch ein feines Sieb abseihen.

Zutaten für 4 Personen:

*1 Schalotte | 2 EL Olivenöl | 40 g gesalzene Butter |
200 g Rundkornreis | 500 ml Wacholderbeertee | 16 kleine Jakobsmuscheln (frisch oder tiefgekühlt) | etwas Mehl | Salz & Pfeffer |
1 kleiner Kopf Radicchio | 1 Knoblauchzehe |
4 EL frisch geriebener Parmesan*

Zubereitung:

Bei Verwendung tiefgekühlter Muscheln, diese zunächst auftauen lassen.

Die Schalotte abziehen und fein würfeln. 1 EL Öl und 20 g Butter in einem Topf erhitzen. Den Reis und die Schalotte darin glasig andünsten. Mit der Hälfte des Tees ablöschen und im offenen Topf bei mittlerer Hitze köcheln lassen. Wenn nur noch wenig Flüssigkeit im Topf ist, unter Rühren wieder etwas Tee zugeben. Diese Prozedur so oft wiederholen, bis der Reis gar ist. Etwas Mehl auf einen kleinen Teller geben, die Jakobsmuscheln darin wenden und auf diese Weise ganz dünn mehlieren. Anschließend pfeffern. Die Radicchioblätter vorsichtig vom Strunk lösen, waschen und trocken schleudern. Den Knoblauch abziehen und fein würfeln. Mit 20 g Butter unter das heiße Risotto rühren. Dieses mit Salz und Pfeffer abschmecken, auf einen großen Teller häufen und mit dem Parmesan überstreuen.

1 EL Öl in einer Pfanne stark erhitzen und die Jakobsmuscheln darin hellbraun braten: Die Muscheln benötigen je nach Größe nicht mehr als 1 bis 2 Minuten Garzeit pro Seite! Herausheben und warm halten. Anschließend die Radicchioblätter portionsweise je etwa 5 Sekunden im Muschelbratfett pfannenrühren und anschließend gut abtropfen lassen. Den Salat und die Muscheln um das Risotto herum anrichten und sofort servieren.

Forelle mit Zitronengrassauce

Zitronengrastee: 3 EL getrocknetes Zitronengras in 1 Liter sprudelnd kochendes Wasser geben. 10 Minuten kochen lassen und den Tee weitere 30 Minuten im Topf ziehen lassen. Anschließend durch ein feines Sieb abseihen.

Zutaten für 4 Personen:

4 mittelgroße, küchenfertige Forellen (à 200 bis 300 g) |
1 Zitrone | 200 g Egerlinge (ersatzweise Champignons) |
1 Zwiebel | 2 TL gehackte Petersilie | 1 TL Dill | Salz & Pfeffer |
1 l Zitronengrastee | 4 EL Weißweinessig | 1 Lorbeerblatt |
1 Schalotte | 50 g Butter | 250 g Sahne | Zucker |
1 EL gehackter Dill

Zubereitung:

Die Forellen innen und außen kalt abbrausen. Mit Küchenkrepp trocken tupfen. Den Saft der Zitrone auspressen. Die Egerlinge trocken abreiben, die Stielenden abschneiden und die Hüte fein würfeln. Mit ¾ des Zitronensafts beträufeln.

Die Zwiebel abziehen, klein würfeln und dann mit Petersilie und Dill zusammen fein hacken. Pilze, Zwiebel und Kräuter mit einer Gabel gut vermengen. Mit Salz und Pfeffer würzen. Je ¼ der Pilzmischung in die Bauchöffnung einer Forelle füllen.

750 ml Zitronengrastee mit etwas Salz, Essig und Lorbeerblatt in einem großen, länglichen Fischtopf zum Kochen bringen. Die Forellen vorsichtig hineinlegen, sodass die Füllung nicht herausquillt. In 15 Minuten bei kleinster Hitze und geschlossenem Deckel gar ziehen lassen. Die Fische sind gar, wenn sich die Rückenflosse leicht herausziehen lässt.

Die Schalotte abziehen, fein würfeln und in der Butter glasig anschwitzen. Mit der Sahne und 250 ml Tee ablöschen und im offenen Topf sämig einkochen lassen. Mit 1 Prise Zucker, Zitronensaft, Salz und Pfeffer abschmecken. Mit Dill bestreut servieren.

UND DAZU: Dazu schmecken am besten Petersilienkartoffeln und Kopfsalat.

Maishähnchen im Löwenzahnsud

Löwenzahntee: 3 EL getrocknete, zerriebene Löwenzahnblätter oder 3 Beutel Löwenzahntee mit 500 ml sprudelnd kochendem Wasser überbrühen. Den Tee 20 Minuten ziehen lassen. Durch ein feines Sieb abseihen bzw. die Beutel herausnehmen.

Zutaten für 4 Personen:

100 g getrocknete Mischpilze | 500 ml Löwenzahntee | 4 große Hähnchenschenkel | Fleur de Sel | weißer Pfeffer | 1 Zwiebel | 2 Knoblauchzehen | 8 Cocktailtomaten | 20 g Butter | 2 EL Olivenöl | 150 g durchwachsener Speck, gewürfelt | 3 zerdrückte Wacholderbeeren | 2 Lorbeerblätter | 1 EL Mehl

Zubereitung:

Die Mischpilze nach Packungsanweisung in 100 ml Löwenzahntee einweichen.

Inzwischen die Hähnchenschenkel kalt abbrausen, trocken tupfen und rundum salzen und pfeffern. Zwiebel und Knoblauch abziehen und jeweils fein würfeln. Die Tomaten waschen und halbieren.

Das Öl in einem Schmortopf erhitzen. Die Butter zugeben und die Hähnchenschenkel darin von beiden Seiten hellbraun anbraten. Zwiebel, Knoblauch und Speck zufügen und anbraten.

Wacholderbeeren, Lorbeerblätter und die Tomatenhälften zugeben und alles noch rund 3 Minuten schmoren lassen. Mit Mehl überstäuben. Mit den eingeweichten Pilzen samt Einweichflüssigkeit ablöschen und den restlichen Tee angießen. Die Schenkel bei schwacher Hitze und aufgelegtem Deckel 10 Minuten leise köcheln lassen.

Anschließend noch weitere 5 Minuten ohne Deckel kochen lassen, um die Sauce zu reduzieren.

UND DAZU: Zu diesem saucigen Gericht passen am besten breite Eiernudeln.

Geminztes Hühnchencurry

Pfefferminztee: 3 EL getrocknete Pfefferminzblätter oder 3 Beutel Pfefferminztee mit 500 ml sprudelnd kochendem Wasser überbrühen. Den Tee 10 Minuten ziehen lassen. Durch ein Sieb abseihen bzw. die Beutel herausnehmen.

Zutaten für 4 Personen:

*600 g Hähnchenbrustfilet ohne Haut | Salz & Pfeffer | 1 Zitrone |
4 EL Currypulver | 500 ml Pfefferminztee | 2 Knoblauchzehen |
2 mittelgroße Zwiebeln | 1 kleine Sellerieknolle | 1 säuerlicher
Apfel (z. B. Boskop) | 3 EL Öl | 1 EL Mehl | 2 EL frische
Pfefferminzblätter*

Zubereitung:

Die Hähnchenbrustfilets in mundgerechte Stücke schneiden, salzen und pfeffern. Den Saft der Zitrone auspressen. ½ TL Salz, Currypulver und ½ TL Pfeffer mischen, mit dem Zitronensaft und dem Pfefferminztee verrühren.

Knoblauch und Zwiebeln abziehen und fein würfeln. Den Sellerie schälen und in mundgerechte Würfel schneiden. Den Apfel waschen, trocken tupfen, achteln und das Kerngehäuse herausschneiden.

Das Öl in einem Gusseisentopf erhitzen. Die Hähnchenwürfel darin rundum gut anbraten. Mit Mehl überstäuben und mit der Zitronenteemischung ablöschen.

Zwiebeln, Knoblauch, Apfel und Sellerie unterrühren. Abgedeckt bei schwacher Hitze etwa 10 Minuten kochen lassen. Vor dem Servieren mit frischen Minzeblättchen garnieren.

UND DAZU: Zu diesem Gericht passt Reis, dem in Wein eingeweichte Rosinen untergemischt wurden. Auch Chutneys ergänzen das Aroma ganz wunderbar.

Lammbolognese in Salbeitee

Salbeitee: 2 EL getrocknete Salbeiblätter mit 300 ml sprudelnd kochendem Wasser überbrühen. Den Tee 15 Minuten abgedeckt ziehen lassen.
Durch ein Sieb abseihen.

Zutaten für 4 Personen:

*1 Schalotte | 2 Knoblauchzehen | 1 EL Olivenöl | 250 g
Lammhackfleisch | Salz & Pfeffer | 1 gehäufter TL Currypulver
(z. B. Colombo) | ½ TL Schabzigerkleepulver | 1 Dose enthäutete
Kirschtomaten (400 g, alternativ stückige Tomaten) | 300 ml
Salbeitee | je 1 Spritzer Worcester- & Sojasauce | 1 TL Zucker |
½ EL Aceto balsamico | 5 Sardellen | 1 EL Kapern*

Zubereitung:

Die Schalotte und den Knoblauch abziehen und fein würfeln. Die Sardellen fein hacken.

Das Öl in einem Topf erhitzen und Schalotte und Knoblauch darin anschwitzen. Das Hackfleisch zugeben und krümelig braten.

Mit Salz, Pfeffer, Currypulver und Schabzigerklee würzen. Mit den Tomaten und dem Salbeitee ablöschen. Worcestersauce, Sojasauce, Zucker
und Essig einrühren. Die fein gehackten Sardellen und die Kapern ebenfalls unterrühren. 20 Minuten bei schwacher Hitze offen einkochen lassen.

UND DAZU: Die Bolognese passt hervorragend zu bissfest gekochten
Spaghetti oder als Füllung für Schmorgurken.

Sauerkrauttopf im Kümmelsud

Kümmeltee: 3 EL Kümmel in 500 ml sprudelnd kochendes Wasser geben. 15 Minuten kochen lassen und den Tee weitere 2 Stunden im Topf ziehen lassen. Anschließend durch ein feines Sieb abseihen.

Zutaten für 4 Personen:

*2 mittelgroße Zwiebeln | 2 Äpfel | 3 mittelgroße Kartoffeln |
200 g durchwachsener Speck, gewürfelt | 500 g Sauerkraut | Salz
& Pfeffer | 4 Debreziner Würstchen | 500 ml Kümmeltee |
125 g Sahne | 1 TL Paprikapulver, rosenscharf*

Zubereitung:

Den Backofen auf 200 °C (Umluft 180 °C) vorheizen.

Die Zwiebeln abziehen und grob hacken. Die Äpfel schälen, vierteln, das Kerngehäuse herausschneiden und die Äpfel in Scheiben schneiden. Die Kartoffeln schälen und in dünne Scheiben schneiden oder hobeln.

Den Speck in einem hohen Bräter goldbraun rösten. Die Hälfte des Sauerkrauts darauf verteilen. Zwiebeln und Äpfel daraufschichten. Mit den Kartoffelscheiben bedecken und mit Salz und Pfeffer gut würzen. Das übrige Kraut darauf verteilen. Die Würstchen obenauf legen und alles mit dem Kümmeltee übergießen.

Im Ofen (Mitte) 30 Minuten schmoren lassen. Dann die Sahne mit dem Paprikapulver verrühren und über den Sauerkrauttopf gießen. Sofort servieren.

Kaninchen in Bockshornkleetee-sauce

Bockshornkleetee: 2 EL Bockshornkleesamen in 750 ml sprudelnd kochendes Wasser geben. 10 Minuten kochen lassen und den Tee weitere 30 Minuten im Topf ziehen lassen. Anschließend durch ein feines Sieb abseihen.

Zutaten für 4 Personen:

*4 Kaninchenkeulen | Salz | weißer Pfeffer aus der Mühle |
1 EL scharfer Senf | 2 TL fein gehackter Ingwer | 1 junge
Knoblauchknolle | 2 EL Olivenöl | 750 ml Bockshornkleetee |
1 Prise Piment | frisches Basilikum*

Zubereitung:

Die Kaninchenkeulen kalt abbrausen, mit Küchenkrepp trocken tupfen. Rundum salzen und pfeffern, dann mit Senf einreiben und mit dem Ingwer bestreuen.

Den Backofen auf 180 °C (Umluft 160 °C) vorheizen.

In einer Kasserolle das Öl erhitzen und die Keulen rundum braun anbraten. Die frische Knoblauchknolle halbieren und mit den Kaninchenkeulen rösten.

Mit Bockshornkleetee ablöschen und etwa 30 Minuten im Ofen zugedeckt schmoren lassen.

Die Keulen und den Knoblauch aus dem Fond heben. Die Sauce mit Piment abschmecken und mit frischen Basilikumblättchen garnieren.

UND DAZU: Besonders gut schmecken zu den Kaninchenkeulen Bandnudeln und ein gemischter Blattsalat.

Geschmorte Kalbsbäckchen im Kamillenfond

Kamillentee: 3 EL getrocknete Kamillenblüten oder 3 Beutel Kamillentee mit 500 ml sprudelnd kochendem Wasser überbrühen. Den Tee 30 Minuten ziehen lassen. Durch ein Sieb abseihen bzw. die Beutel herausnehmen.

Zutaten für 4 Personen:

800g Kalbsbacken | 3 Zwiebeln | 2 lange, dünne Möhren |
3 Stangen Staudensellerie | 675 g mehlig kochende Kartoffeln |
4 EL Olivenöl | Salz & Pfeffer | 500 ml Kamillentee |
1 Lorbeerblatt | ½ Sellerieknolle | Muskatnuss | 50 ml Milch |
20 g Butter | 50 g Schlagsahne

Zubereitung:

Die Kalbsbacken kalt abbrausen und mit Küchenkrepp trocken tupfen. Die Zwiebeln abziehen und fein würfeln. Die Möhren schälen und in nicht zu dünne Scheiben schneiden. Den Sellerie putzen und in etwa 1 cm große Würfel schneiden. Eine mittelgroße Kartoffel schälen und in feine Scheiben schneiden.

Den Backofen auf 120 °C vorheizen.

3 EL Öl in einem Bräter erhitzen. Das Fleisch darin bei mittlerer Hitze in 2 bis 3 Minuten rundum anbraten. Mit Salz und Pfeffer würzen und herausheben. Noch 1 EL Öl in den Topf geben und das vorbereitete Gemüse bei mittlerer Hitze anbraten. Mit dem Tee ablöschen. Das Fleisch und das Lorbeerblatt zugeben und alles abgedeckt im Ofen (unten) etwa 2 ½ Stunden schmoren lassen. Die Fleischstücke währenddessen ab und zu wenden.

Nach etwa 2 Stunden Schmorzeit den Sellerie und die Kartoffeln für das Püree schälen und grob würfeln. Sellerie und Kartoffeln in einen Topf geben und nur knapp mit Wasser bedeckt in 15 bis 20 Minuten weich kochen. Anschließend durch die Kartoffelpresse in einen Topf drücken und mit Salz und Muskatnuss würzen. Die Milch mit Butter und Sahne erwärmen. Nach und nach zum Kartoffel-Sellerie-Püree gießen und unterrühren. Mit den Kalbsbäckchen servieren.

Geschmorte Kalbslende mit Blütenmarinade

Zutaten für 4 Personen:

1 kg Kalbslende ohne Knochen, mit Fettrand | 150 ml Olivenöl, kalt gepresst | ½ EL weißer Pfeffer, grob zerstoßen | ½ EL Javapfeffer, grob zerstoßen (alternativ Szechuanpfeffer) | 1 TL abgeriebene Bio-Orangenschale | jeweils 1 Handvoll getrocknete Holunderblüten, Zitronenverbenenblätter, Rosenknospen | 1 EL Meersalz | 250 g Kirschtomaten

Zubereitung:

Den weißen Pfeffer und den Javapfeffer im Mörser grob zerstoßen. Jeweils ½ EL mit der frisch geriebenen Orangenschale, Holunderblüten, Zitronenverbenenblättern und Rosenknospen mischen. Das Öl in einen kleinen Topf geben und mit der Gewürzmischung leicht erwärmen.

Das Fleisch rundum mit der Marinade einreiben und über Nacht – mindestens acht Stunden – abgedeckt im Kühlschrank ruhen lassen.

Das Kalbfleisch in einen Bräter legen und mit dem Meersalz salzen. Den Bräter mit dem Fleisch im Backofen bei 80 °C 2 Stunden garen.

Die Tomaten waschen, im Bräter verteilen und noch 1 Stunde garen. Abschließend das Fleisch kurz übergrillen.

UND DAZU: Dazu schmeckt am besten Kartoffelpüree. Sie können die Lende aber auch wie Roastbeef kalt servieren.

Knuspriger Schafgarbeschmorbraten

Schafgarbentee: Erst am Zubereitungstag zubereiten! 3 EL getrocknete Schafgarbe mit 1 Liter sprudelnd kochendem Wasser überbrühen. Den Tee 10 Minuten abgedeckt ziehen lassen. Durch ein Sieb abseihen.

Zutaten für 4 Personen:

½ EL schwarzer Pfeffer | 6 Wacholderbeeren |
150 ml Olivenöl | 1 EL Meersalz | 2 EL getrocknete Schafgarbe |
1 kg Schweinebauch, am besten mit Schwarte | 1 l Schafgarbentee |
1 junge Knoblauchknolle | 8 Möhren

Zubereitung:

Den Pfeffer im Mörser grob zerstoßen. Die Wacholderbeeren zerdrücken. Das Öl mit ½ EL Salz, dem Pfeffer, den Wacholderbeeren und der Schafgarbe mischen und leicht erwärmen.

Das Fleisch in eine feuerfeste Form legen und mit dem Aromaöl bedecken. Über Nacht – mindestens 8 Stunden – abgedeckt im Kühlschrank marinieren lassen.

Das Fleisch mit der Schwarte nach unten in die Form legen. Den heißen Schafgarbentee angießen. Die Knoblauchknolle halbieren. Die Möhren putzen und mit dem Knoblauch zum Fleisch in den Fond geben. Im Backofen bei 120 °C (unten) 2 Stunden schmoren lassen.

Den Braten aus dem Fond heben und die Schwarte mehrmals oberflächlich einschneiden. Den Braten mit der Schwarte nach oben nochmals für 30 Minuten im Ofen garen.

Den Braten herausheben. Die Schwarte erneut salzen. Auf ein Stück Alufolie legen und im Ofen unterm Grill knusprig rösten. Mit der Sauce, geschmortem Knoblauch und dem Gemüse servieren.

Hibiskusblütengötterspeise

Hibiskusblütentee: 3 EL Hibiskusblütenblätter mit 500 ml sprudelnd kochendem Wasser überbrühen. Den Tee 1 Stunde abgedeckt ziehen lassen, dabei gelegentlich umrühren. Durch ein Sieb abseihen.

Zutaten für 4 Personen:

75 g kleine Erdbeeren | 75 g Himbeeren | 75 g rote Johannisbeeren | 500 ml Hibiskusblütentee | 50 g brauner Rohrzucker | 6 Blatt Gelatine | 80 g Sahne | 2 EL getrocknete Eukalyptusblätter (gibt's z. B. im Teeladen) | 100 g Doppelrahmfrischkäse | 2 Maracujas (Passionsfrüchte) | 20 g Puderzucker | 1 Vanilleschote | 100 g Naturjoghurt

Zubereitung:

Die Früchte verlesen, waschen, entkelchen bzw. von den Rispen streifen und gleichmäßig auf vier Gläser verteilen. Die Gelatine 8 bis 10 Minuten in kaltem Wasser einweichen.

Den lauwarmen Hibiskustee mit dem Zucker verrühren. Die Gelatineblätter leicht ausdrücken und im Tee auflösen. Die Früchte in den vier Gläsern gleichmäßig mit dem Tee übergießen. Dabei sollten die Früchte komplett von Flüssigkeit bedeckt sein. Für mindestens 3 Stunden im Kühlschrank erstarren lassen.

Für die Sauce die Sahne auf etwa 30 °C (handwarm) erwärmen und die Eukalyptusblätter darin 15 Minuten ziehen lassen. Die warme Sahne durch ein Sieb gießen und sofort mit dem Frischkäse glatt rühren.

Die Maracujas quer halbieren und das Fruchtfleisch herauslöffeln. Um die Kerne zu entfernen, das Fruchtfleisch durch ein Sieb passieren. Mit Puderzucker, dem ausgekratzten Mark der Vanilleschote und dem Joghurt unter den Sahnefrischkäse rühren. Für mindestens 1 Stunde kalt stellen. Die Götterspeise mit der Vanille-Sahne-Sauce servieren.

Lindenblüteneis mit Calvados

Lindenblütentee: 6 EL getrocknete Lindenblüten mit 500 ml sprudelnd kochendem Wasser überbrühen. Den Tee 15 Minuten ziehen lassen. Durch ein Sieb abseihen.

Zutaten für 4 Personen:

500 ml Milch | 100 g weißer Kandiszucker |
500 ml Lindenblütentee | 6 Eigelbe | 4 EL Calvados |
25 g heller Bienenhonig

Zubereitung:

Milch und Kandiszucker in einem Topf gut verrühren, erhitzen und einmal aufkochen lassen. Den Lindenblütentee einrühren.

Den Topf von der heißen Platte nehmen. Unter ständigem Rühren die Eigelbe mit einem Schneebesen nach und nach einrühren. So lange verquirlen, bis eine leicht cremige Masse entsteht. Ist die Creme noch zu heiß, gerinnt das Eigelb.

Den Calvados und den Honig unterziehen und die Creme erkalten lassen. In eine Eismaschine geben und in etwa 30 Minuten zu Eis rühren lassen. Da das Eis eher einem Sorbet ähnelt, ist es auch nach dem Anfrieren in der Eismaschine noch eher wässrig. Deswegen vor dem Servieren nochmals 2 bis 3 Stunden tiefkühlen.

TIPP: Alternativ die Creme erkalten lassen, dann im Tiefkühlfach abgedeckt auf etwa 0 °C herunterkühlen und in die Eismaschine geben. Dann müsste das Eis gelingen, ohne dass es noch einmal tiefgekühlt werden muss.

Holunderblütenbrot

Zutaten für 2 Kastenformen (à 20 cm):

*3 EL getrocknete Holunderblüten | 300 ml Milch | 500 g Mehl |
1 Bio-Zitrone | ½ Würfel frische Hefe (ca. 20 g) | 10 g Meersalz |
1 TL Zucker*

Zubereitung:

Die Holunderblüten in die Milch geben und erwärmen, nicht kochen lassen. Anschließend etwa 1 Stunde abkühlen lassen.

Dann die Zitrone heiß waschen, trocken tupfen und die Schale abreiben. Das Mehl in eine Schüssel sieben. Die Zitronenschale untermischen. Die Hefe mit etwas lauwarmer Milch anrühren. Zucker und Salz mit der restlichen Milch verrühren, bis sie aufgelöst sind. Eine Mulde ins Mehl drücken und die Hefemilch hineingeben. Die restliche Milch angießen und alles zu einem glatten Brotteig verkneten.

An einem warmen Ort abgedeckt etwa 1 Stunde gehen lassen.

Anschließend nochmals kräftig durchkneten und auf zwei mit Backpapier ausgelegte Kastenformen verteilen. Dünn mit Mehl bestäuben. Weitere 30 Minuten gehen lassen.

Nach etwa 20 Minuten den Backofen auf 190 °C (Umluft 170 °C) vorheizen. Das Brot in 45 Minuten goldbraun backen.

UND DAZU: Das Holunderblütenbrot abkühlen lassen und mit Butter servieren oder das lauwarme Brot (z. B. auch getoastet) zur Geflügelleberpaté reichen.

Früchte-, Strauch- und Baumtee

Garnelensuppe mit Lapacho

Lapachotee: 1 EL Lapachorinde in 200 ml Wasser 5 Minuten sprudelnd kochen lassen. Den Tee noch 10 Minuten im Topf ziehen lassen. Durch ein Sieb abseihen.

Zutaten für 4 Personen:

200 g Rotbarschfilet | 8 mittelgroße, geschälte Garnelen |
5 EL Fischsauce | 2 Stängel Zitronengras | 1 rote Chilischote |
50 g kleine Shiitakepilze | 6 Kirschtomaten |
400 ml Kokosmilch | 4 Scheiben frischer Ingwer |
1 Stück unbehandelte Limettenschale | 1 Bund Thaibasilikum
oder Koriander

Zubereitung:

Das Fischfilet kalt abbrausen, trocken tupfen und in mundgerechte Stücke schneiden. Mit den Garnelen in eine flache Form geben und mit 3 EL Fischsauce gut vermengen. Etwa 30 Minuten abgedeckt im Kühlschrank marinieren lassen.

Inzwischen die harten Außenblätter des Zitronengrases entfernen, die Stängel längs halbieren. Die Chilischote in feine Ringe schneiden – dabei am besten Küchenhandschuhe tragen. Die Stiele der Pilze wegschneiden und die Hüte halbieren. Die Tomaten waschen und halbieren.

Kokosmilch, Tee, Ingwer, Limettenschale, Zitronengras, Chilischote und Pilze in einem Topf zum Kochen bringen. Etwa 4 Minuten leise köcheln lassen. Dann den Fisch, die Garnelen und die Kirschtomaten zugeben und diese in der Suppe bei schwacher Hitze zugedeckt in 4 Minuten gar ziehen lassen.

Mit 2 EL Fischsauce abschmecken. Thaibasilikum bzw. Koriander waschen, trocken schütteln, die Blättchen abzupfen und unterrühren.

Fenchelgemüse in Matetee

Matetee: 3 TL Mateteeblätter mit 500 ml sprudelnd kochendem Wasser überbrühen. Den Tee 10 Minuten ziehen lassen. Durch ein Sieb abseihen.

Zutaten für 4 Personen:

*2 Fenchelknollen | Kräutersalz | 1 EL Olivenöl | 500 ml Matetee |
½ TL Szechuanpfeffer (ersatzweise rosa Pfefferbeeren) |
2 TL Waldhonig*

Zubereitung:

Die Fenchelknollen von der äußeren Schale befreien, waschen und längs in dünne Scheiben schneiden. Mit Salz würzen.

In einer großen Pfanne das Öl erhitzen. Die Fenchelscheiben darin von beiden Seiten anbraten. Mit dem Matetee ablöschen und 10 Minuten bei mittlerer Hitze offen leise köcheln lassen.

Vor dem Servieren den Szechuanpfeffer im Mörser zerstoßen. Den Fenchel damit überstreuen und mit dem Honig beträufeln.

UND DAZU: So einfach es klingt, so lecker schmeckt es dazu – Spiegelei.

Rooiboseintopf mit weißen Bohnen

Rooibostee: Erst am Zubereitungstag zubereiten! 4 EL Rooibos Classic mit 1 Liter sprudelnd kochendem Wasser überbrühen. Den Tee 1 Stunde ziehen lassen. Durch ein Sieb abseihen.

Zutaten für 4 Personen:

250 g getrocknete weiße Bohnenkerne | 1 l Rooibostee |
200 g durchwachsener Speck | 2 Knoblauchzehen | 2 Zwiebeln |
2 Stangen Sellerie | 1 Möhre | 1 Stange Lauch | 1 Zweig Rosmarin |
2 Lorbeerblätter | 30 g Tomatenpaste | 1 Gewürznelke |
500 ml Gemüsebrühe | Salz & Pfeffer

Zubereitung:

Die Bohnen waschen und in einem Sieb abtropfen lassen. In einen gro-ßen Topf geben, gut handbreit mit Wasser bedecken und 10 Minuten lang kochen. Den Topf vom Herd nehmen, auskühlen lassen und die Bohnen über Nacht – mindestens 8 Stunden, besser länger – im Kühlen abgedeckt einweichen lassen.

Am nächsten Tag das Einweichwasser abgießen und die Bohnen mit dem Rooibostee zum Kochen bringen. 1 ½ Stunden bei schwacher Hit-ze zugedeckt köcheln lassen, bis die Bohnen einen zarten Biss haben. Gegen Ende der Garzeit den Knoblauch und die Zwiebeln abziehen und fein würfeln. Sellerie, Möhre und Lauch putzen, waschen und in Scheiben schneiden. Den Speck würfeln und in einer Pfanne ohne Fett langsam auslassen. Das Gemüse, Rosmarin und die Lorbeerblätter zum Speck geben und kurz in der heißen Pfanne andünsten.

Die Gemüse-Speck-Pfanne, Tomatenpaste, Nelke und Gemüsebrühe zu den Bohnen geben. Gut verrühren und 30 Minuten leise köcheln las-sen. Mit Salz und Pfeffer abschmecken. Die Suppe heiß servieren, am besten mit etwas Vollkornbrot.

TIPP: Wenn nichts dagegen spricht, probieren Sie auch einmal die beschwipste Variante und geben Sie vor dem Servieren noch einen großen Schuss Whiskey hinein.

Glasierter Fasan in Rooibostee

Rooibostee: 1 EL Rooibos Classic mit 250 ml sprudelnd kochendem Wasser überbrühen. Den Tee 15 Minuten ziehen lassen. Durch ein Sieb abseihen.

Zutaten für 4 Personen:

*1 küchenfertiger Fasan (ersatzweise 1 Rebhuhn) | Salz & Pfeffer |
200 g grüne Trauben | 60 g Walnusskerne | 1 Schalotte | 1 EL
Olivenöl | 50 g weiche Butter | 3 Orangen | 250 ml Rooibostee |
250 ml süßer Madeirawein (wahlweise auch ein Dessertwein) |
100 ml Wildfond | 4 EL Orangenmarmelade | Küchengarn*

Zubereitung:

Den Fasan kalt abbrausen, innen und außen trocken tupfen. Innen und außen mit Salz und Pfeffer würzen. Die Trauben waschen, abtropfen lassen. Die Walnusskerne grob hacken. Die Schalotte abziehen und in feine Streifen schneiden.

Das Öl in einer Pfanne erhitzen. Trauben, Walnüsse und die Schalotte darin anbraten. Anschließend salzen und pfeffern und den Fasan damit füllen, evtl. die Füllung an den Innenseiten verstreichen. Den Vogel so gut wie möglich mit Küchengarn zubinden.

Den Backofen auf 200 °C (Umluft 180 °C) vorheizen. Den Fasan in einen gefetteten Bräter legen und die Butter in Flöckchen obenauf verteilen. Den Saft der Orangen auspressen. Mit dem Tee, Madeira und Wildfond verrühren und rund um den Fasan angießen. Den Fasan im Ofen (unten) 45 Minuten garen.

Den Fasan aus dem Bräter heben und den Bratenfond durch ein Sieb in einen Topf gießen. Im offenen Topf bei mittlerer Hitze so lange einkochen lassen, bis die Sauce fast sirupartig wird.

Den Fasan währenddessen portionieren und im abgeschalteten Backofen mit Alufolie bedeckt warm halten. Mit der Sauce übergießen und die Orangenmarmelade dazu reichen.

UND DAZU: Perfekt dazu passen Champagnerkraut und Kartoffelpüree.

Früchteteemuffins

Zutaten für 12 Muffins:

75 g Früchtetee-Mischung (z. B. Apfel, Hibiskus, Orangenschale, Zitronenschale) | plus 1 TL Früchtetee-Mischung | 75 ml Rum | 150 g saure Sahne | 120 g weiße Schokolade | 60 g gemahlene Mandeln | 150 g Mehl | 1 ½ gehäufte TL Backpulver | 60 g Zucker | 60 ml Mandelöl | Salz | 2 Eier | 75 g Puderzucker | 1 EL weiße Schokospäne | 12 Papierbackförmchen

Zubereitung:

Den Früchtetee mit dem Rum und der sauren Sahne gut verrühren. Über Nacht – mindestens 8 Stunden – abgedeckt quellen lassen.

Am nächsten Tag den Backofen auf 180 C° (Umluft 160 C°) vorheizen.

Die Papierbackförmchen in die Vertiefungen des Muffinsblechs setzen. Die Schokolade fein hacken, mit den Mandeln, Mehl und Backpulver mischen.

Den gequollenen Früchtetee mit Zucker, Mandelöl und Salz verrühren. Zunächst die Eier, dann die Mehlmischung zügig unterrühren. Den Teig in die Papierbackförmchen füllen. Im Ofen (Mitte) 20–25 Minuten backen.

Herausnehmen und die Muffins 5 Minuten im Blech ruhen lassen. Anschließend herausheben und auf einem Kuchengitter auskühlen lassen.

Währenddessen 1 TL Früchtetee mit 1 EL kochend heißem Wasser überbrühen und 10 Minuten ziehen lassen. Dann durch ein Sieb abgießen und den Puderzucker damit glatt rühren.

Die Muffins damit verzieren und mit Schokospäne bestreuen.

Orangendessert mit Tonkabohnen à la Claire Fontaine

Orangentee: 20 g Orangenschalentee in 500 ml kaltem Wasser ansetzen. Zum Kochen bringen. 15 Minuten kochen lassen und den Tee weitere 4 Stunden ziehen lassen. Anschließend durch ein Sieb abseihen.

Zutaten für 4 Personen:

2 reife, kernlose Bio-Orangen | 500 ml Orangentee |
130 g Zucker | 1 Vanilleschote | 4 Eigelbe | 1 Tonkabohne | 3 Blatt
weiße Gelatine | 50 g Grand Marnier (Likör) | 300 g Sahne

Zubereitung:

Die Orangen heiß waschen und ungeschält in sehr dünne Scheiben schneiden. In eine Schüssel geben. Die Vanilleschote längs halbieren. Den Orangentee mit 60 g Zucker und den Vanilleschotehälften einmal aufkochen lassen. Den Sud sehr heiß über die Orangenscheiben gießen und mindestens 12 Stunden abgedeckt im Kühlschrank durchziehen lassen. So lange, bis die Orangenschale weich ist!

Vier schöne Orangenscheiben aussuchen, gut abtropfen lassen und je 1 Scheibe in ein Dessertschälchen legen. Die restlichen Orangen samt Orangentee durch ein Sieb in einen Topf passieren. Die Sauce aufkochen und offen bei mittlerer Hitze auf die Hälfte einkochen lassen. Anschließend auskühlen lassen, dann kühl stellen. Inzwischen die Gelatine 8 bis 10 Minuten in kaltem Wasser einweichen. In einem großen Topf Wasser erhitzen, aber nicht kochen lassen.

Die Eigelbe mit 70 g Zucker in eine Metallschüssel geben und die Tonkabohne mittels der Muskatreibe hineinreiben. Alles im warmen Wasserbad dickcremig aufschlagen. Danach im kalten Wasserbad weiterschlagen, bis die Creme abgekühlt ist. Den Grand Marnier leicht erwärmen. Die Gelatineblätter einzeln leicht ausdrücken und darin auflösen. Dann zügig 2 EL Eiercreme einrühren und diese Mischung sofort unter die übrige Eiercreme rühren. Die Sahne steif schlagen und unterheben. Die Creme gleichmäßig auf die vier Schälchen verteilen. Im Kühlschrank mindestens 1 Stunde erstarren lassen. Die Desserts auf Tellerchen stürzen und mit der Orangensauce servieren.

Erdbeerpfannkuchen mit Früchtetee

Früchtetee: 7 TL Früchteteemischung mit 250 ml sprudelnd kochendem Wasser überbrühen. Den Tee 20 Minuten ziehen lassen. Durch ein Sieb abseihen, abkühlen lassen.

Zutaten für 4 Personen:

Für den Teig:

250 ml Früchtetee (z. B. Hagebutten, Hibiskusblüten, Apfel, Zitrusschalen und Erdbeeren) | 200 g Weizenmehl | 1 TL Puderzucker | Salz | 2 Eier | 250 g Sahne | etwas Butter zum Ausbacken

Für die Füllung:

450 g frische Erdbeeren + Erdbeeren zum Garnieren | 3 EL Puderzucker | 1 TL Limettensaft | 1 TL Rum | 250 g Sahne

Zubereitung:

Wenn der Tee erkaltet ist, Mehl, Zucker und 1 Msp. Salz in einer großen Schüssel mischen. Sahne und Eier verquirlen. Den kalten Tee in dünnem Strahl zufügen und unterrühren. Nach und nach unter Rühren zur Mehlmischung geben und alles zu einem glatten Teig verrühren.

Den Backofen auf 50 °C vorheizen. Eine beschichtete Pfanne mit weicher Butter ausstreichen. Im heißen Fett 4 dünne Pfannkuchen ausbacken. Diese im Ofen warm halten.

Die Erdbeeren waschen, entkelchen und halbieren. Mit 2 EL Puderzucker, Zitronensaft und Rum pürieren. Die Sahne mit 1 EL Puderzucker steif schlagen.

Jeden Pfannkuchen im mittleren Drittel mit etwas Erdbeerpüree bestreichen, die Sahne daraufklecksen und jeweils die rechte und die linke Seite des Pfannkuchens darüberklappen. Mit frischen Erdbeeren garnieren.

Gedünstete Birnen in Süßholztee

Süßholztee: 3 EL geraspeltes Süßholz in 750 ml sprudelnd kochendes Wasser geben. 10 Minuten kochen lassen, den Tee von der heißen Platte nehmen und weitere 20 Minuten ziehen lassen. Anschließend durch ein Sieb abseihen.

Zutaten für 4 Personen:

*4 kleine, reife Birnen | ½ Zitrone | 750 ml Süßholztee |
1 Zimtstange | 1 Lorbeerblatt | 1 Nelke | 4 Kardamomkapseln |
2 gehäufte EL Zucker | 1 TL Speisestärke | 50 g kalte Butter |
Zimt nach Geschmack*

Zubereitung:

Die Birnen schälen, dabei den Stiel stehen lassen. Den Blütenansatz herausschneiden und das Kerngehäuse mit einem scharfen Messer oder einem Kugelausstecher vom Blütenansatz her vorsichtig herausschneiden. Der Stiel sollte an den Früchten verbleiben.

3 TL Süßholztee abnehmen und in eine kleine Tasse geben; beiseite stellen. In einem hohen Topf den Süßholztee mit Zimt, Lorbeerblatt, Nelke, Kardamom und Zucker zum Kochen bringen und einmal aufkochen lassen. Die Birnen hineinstellen – sie sollten vollständig mit Flüssigkeit bedeckt sein. Bei schwacher Hitze offen 15 Minuten siedend kochen lassen.

Mithilfe eines spitzen Küchenmessers testen, ob die Birnen weich, aber noch bissfest sind. Andernfalls noch etwas länger sieden lassen.

Die Birnen herausheben und die Gewürze aus dem Sud fischen. Den Sud erneut aufkochen und offen auf die Hälfte einkochen lassen. Die Speisestärke mit den 3 TL Süßholztee glatt rühren und unter den eingedickten Sud rühren. Die kalte Butter in Flöckchen einrühren. Mit etwas Zucker abschmecken und nach Geschmack mit Zimt würzen.

UND DAZU: Die Birnen und die sirupartige Sauce schmecken wunderbar mit Crêpes und Vanilleeis.

Grüner Tee

Grünteegelee mit Kartoffelcreme

Zutaten für 6 Portionen:

50 g frischer Ingwer | *1 Bio-Limette* | *½ TL Zucker* |
½ TL Salz | *20 g Gunpowdertee* | *5 Blatt weiße Gelatine* |
300 g mehlig kochende Kartoffeln | *50 g Möhre* |
50 g Knollensellerie | *50 g Porree* | *10 g Butter* | *100 ml
Gemüsefond* | *200 g Sahne* | *Salz & Pfeffer* | *1 Beet Kresse* |
6 TL Forellenkaviar

Zubereitung

Für das Gelee den Ingwer schälen und in feine Scheiben schneiden. Die Limette waschen, die Schale hauchdünn abschälen – nur das Grün, nicht die weiße Haut mit abschälen.

Limettenschale und Ingwer mit Zucker und Salz in einen kleinen Topf geben und mit 600 ml kochendem Wasser übergießen. 5 Minuten offen ziehen lassen. Die Teeblätter zugeben – idealerweise hat das Limettenwasser 80 °C – und weitere 4 Minuten ziehen lassen. Inzwischen die Gelatine 8 bis 10 Minuten in kaltem Wasser einweichen. Eine kleine Auflaufform (14 x 14 cm, 4 cm hoch) mit Klarsichtfolie auslegen. Den Tee durch ein feines Sieb in einen Topf abseihen. Die Gelatineblätter einzeln ausdrücken und unter Rühren im warmen Tee auflösen. In die Auflaufform gießen und mindestens 6 Stunden kalt stellen, bis der Tee fest geliert ist.

Etwa 45 Minuten vor dem Servieren die Kartoffeln, die Möhren und den Sellerie schälen, waschen und in mundgerechte Stücke schneiden. Den Porree putzen und waschen. Den weißen und hellgrünen Teil längs vierteln und in Scheiben schneiden. Die Butter in einem Topf zerlassen. Das Gemüse darin andünsten. Die Kartoffeln zugeben. Den Fond und 100 g Sahne angießen und das Gemüse abgedeckt 20 Minuten bei mittlerer Hitze köcheln lassen.

Die Suppe fein pürieren, mit Salz und Pfeffer abschmecken und etwas abkühlen lassen. Das Gelee aus der Form stürzen. Die Folie abziehen und die Ränder des Gelees mit einem scharfen Messer begradigen. In 6 Rechtecke schneiden. 100 g Sahne steif schlagen. Mit dem Pürierstab unter die lauwarme Suppe mixen. Die Kartoffelcreme mit dem Gelee auf 4 Tellern anrichten. Mit Kresse und Forellenkaviar garnieren.

Grünteenudeln mit gerösteter Paprika

Zutaten für 4 Portionen:

2 rote Paprikaschoten | 400 ml Gemüsefond |
10 g Matchateepulver (gemahlener japanischer grüner Tee) |
1 Zwiebel | 5 EL Öl | 180 g Kritharaki (griechische Weizennudeln
in Reisform) | 150 ml Weißwein | 30 g Butter |
4 EL Semmelbrösel | Schale von 1 Bio-Zitrone | Salz & Pfeffer

Zubereitung:

Den Backofen auf 220 °C vorheizen. Die Paprikaschoten waschen, trocken tupfen, längs halbieren, putzen und mit der Hautseite nach oben nebeneinander auf ein mit Backpapier belegtes Backblech legen. Im Ofen etwa 20 Minuten rösten oder 10 Minuten grillen, bis die Haut schwarze Blasen wirft.

Aus dem Ofen nehmen, mit einem feuchten Küchentuch 10 Minuten bedecken. Anschließend die Haut abziehen und die Paprikaschoten in Streifen schneiden. Den Gemüsefond erhitzen, aber nicht kochen lassen, und das Teepulver einrühren. Die Zwiebel abziehen und fein würfeln. 2 EL Öl in einem Topf erhitzen und die Zwiebeln darin glasig dünsten. Die Nudeln kurz mitdünsten. Mit dem Wein ablöschen und ein Drittel des heißen Teefonds zugeben. Bei milder Hitze unter Rühren etwa 10 Minuten garen.

Sobald die Nudeln den Fond aufgesogen haben, die Hälfte des übrigen Teefonds zugießen. Sobald dieser aufgesogen ist, wieder die Hälfte davon – so verfahren, bis die Nudeln gar sind. Sie sollten dann nicht den gesamten Teefond aufgenommen haben, sondern sollten leicht vom Fond umgeben sein. Die Konsistenz sollte einem flüssigen Risotto ähneln. Die Zitrone heiß waschen, trocken tupfen und die Schale abreiben. In einer kleinen Pfanne 10 g Butter zerlassen. Die Semmelbrösel darin goldbraun rösten. Die Pfanne von der heißen Platte nehmen und die Zitronenschale unterrühren. 3 EL Öl in einer großen Pfanne erhitzen und die Paprikastreifen darin bei starker Hitze scharf anbraten. 20 g Butter unter die gegarten Nudeln rühren und mit Salz und Pfeffer abschmecken. Mit der gebratenen Paprika und den Zitronenbröseln servieren.

Knuspriger Chun Mee-Loup de mer

Zutaten für 4 Personen:

*½ kleine Salatgurke | 5 Frühlingszwiebeln | 2 rote Chilischoten |
5 EL Limettensaft | Salz | 1 TL Zucker | 2 mittelgroße,
küchenfertige Wolfsbarsche (Loup de mer, à 500 g) | Pfeffer |
2 EL Chun-Mee-Teeblätter | 3 EL fein gehackter, frischer Ingwer |
3 Zweige Koriandergrün | 2 EL Olivenöl | etwas Mehl zum
Mehlieren |*

Zubereitung:

Für den Dipp die Gurke dünn schälen und fein würfeln. 2 Frühlingszwiebeln putzen und in feine Ringe schneiden. Die Chilischoten längs aufschlitzen, die Kernchen herauskratzen. 1 Schote in feine Ringe schneiden, beiseite stellen. Die andere Schote fein würfeln. Beim Verarbeiten der Chilischote am besten Einmalküchenhandschuhe tragen! Den Limettensaft mit 1 TL Salz, Zucker und 2 EL Wasser verrühren, bis sich der Zucker gelöst hat. Gurke, Frühlingszwiebeln und die Chiliringe in ein Schüsselchen geben und mit der Würzsauce mischen. Abgedeckt kühl stellen. Die Wolfsbarsche waschen und auf beiden Seiten je viermal in regelmäßigen Abständen schräg - etwa ½ cm tief – einschneiden. Die Fische innen und außen trocken tupfen und mit Salz und Pfeffer einreiben.

Den Tee mit 50 ml, etwa 80 °C heißem Wasser übergießen und 3 Minuten ziehen lassen. Währenddessen 3 Frühlingszwiebeln putzen und in feine Streifen schneiden. Den Koriander waschen, trocken tupfen und fein hacken.

Den Tee durch ein Sieb in eine Tasse abseihen. Die Teeblätter mit Ingwer, Frühlingszwiebeln, Koriander und den vorbereiteten Chiliwürfelchen verrühren. Die Fische damit außen einreiben und etwas innen an den Bauchhöhlen verstreichen. Die Fische in eine große Form geben und den Tee angießen. Abgedeckt mindestens 1 Stunde im Kühlschrank marinieren. Das Öl in einer ausreichend großen Pfanne erhitzen. Das Mehl auf einen großen Teller geben und die Fische darin wenden, sodass sie auf beiden Seiten leicht mehliert sind. Im heißen Fett in 8 bis 10 Minuten knusprig braun braten. Mit dem Gurkendipp servieren.

Sandwich mit gegrilltem Pao-Chong-Huhn

Zutaten für 2 Personen:

*2 Knoblauchzehen | ½ Zitrone | 2 TL Pao-Chong-Teeblätter |
2 EL Sojasauce | 1 EL Honig | 1 Hühnerbrustfilet (150 bis
200 g) | 3 EL Sonnenblumenöl | 1 kleine Salatgurke | 4 Scheiben
Toastbrot | 2 EL Mayonnaise | Salz & Pfeffer*

Zubereitung:

Den Knoblauch abziehen und durch die Presse in ein Schüsselchen drücken. Den Saft der Zitrone auspressen. Für die Marinade 2 EL Zitronensaft mit dem Knoblauch, den Teeblättern, Sojasauce und Honig glatt rühren.

Das Hühnerbrustfilet kalt abbrausen, trocken tupfen, teilen und mit der Marinade übergießen. Abgedeckt im Kühlschrank 6 bis 10 Stunden marinieren.

Dann die Gurke schälen und in feine Streifen hobeln. Das Fleisch aus der Marinade heben, Tee und Knoblauch abstreifen. Die Marinade beiseite stellen. Das Hühnerbrustfilet 3 bis 4 Minuten grillen oder in heißem Öl von beiden Seiten durchbraten, dabei immer wieder mit der Marinade bestreichen bzw. beträufeln.

Das Toastbrot toasten. Zwei Scheiben Toast mit Mayonnaise bestreichen, mit den Gurkenstreifen belegen, salzen und pfeffern. Jeweils 1 Hühnersteak auflegen und mit einer zweiten Toastscheibe bedecken. Am besten sofort servieren.

Gambas in Genmaichateesauce

Genmaichatee: Unmittelbar vor der Verwendung für die Gambas zubereiten! 1 EL Genmaicha mit 200 ml 80 °C heißem Wasser überbrühen. Den Tee 5 Minuten ziehen lassen. Nicht abseihen, sondern direkt zu den Gambas geben.

Zutaten für 4 Personen:

*200 g Duft- oder Basmatireis | 1 TL Genmaicha (grüner Tee mit geröstetem Vollkornreis) | Salz | 200 ml Genmaichatee |
2 EL Sesamöl | 500 g frische Gambas in der Schale | 2 EL Sake*

Zubereitung:

Den Reis mit 2 Tassen Wasser in einen Topf geben und zum Kochen bringen. Nach dem Aufkochen die Hitze reduzieren und den Reis bei schwacher Hitze abgedeckt noch 5 Minuten quellen lassen. Die Teeblätter und 1 Prise Salz unterrühren. Die Hitzezufuhr beenden und den Reis auf der warmen Platte ausquellen lassen, bis er gar ist.

Eine Servierplatte im Backofen vorwärmen. Den Genmaichatee wie beschrieben zubereiten.

Während der Tee zieht, das Öl in einer Pfanne stark erhitzen. Die Gambas zufügen und bei starker Hitze 1 Minute unter ständigem Rühren anbraten. Mit dem Sake ablöschen. Die Pfanne von der heißen Platte nehmen. Den Tee samt der Teeblätter angießen und die Gambas noch 1 Minute darin ziehen lassen. Mithilfe eines Schaumlöffels herausheben und auf der vorgewärmten Platte anrichten.

Den Bratfond offen auf die Hälfte einkochen lassen. Anschließend durch ein Sieb passieren. Die Gambas mit der Genmaichasauce übergießen und mit dem Teereis servieren.

Jasmintee-Panna cotta

Zutaten für 4 Personen:

400 g Sahne | 30 g Zucker | 15 g Jasminteeblätter Chung Hao |
4 Blatt weiße Gelatine | 100 g Crème fraîche |
8 EL Hagebuttenkonfitüre

Zubereitung:

Die Sahne mit dem Zucker erhitzen, nur kurz aufkochen lassen und sofort vom Herd nehmen. Auf 80 °C abkühlen lassen. Die Teeblätter einrühren und 10 Minuten ziehen lassen. Inzwischen die Gelatine 8 bis 10 Minuten in kaltem Wasser einweichen.

Die Teesahne durch ein feines Sieb in eine Schüssel abseihen. Die Teeblätter im Sieb gut ausdrücken. Die Gelatineblätter einzeln leicht ausdrücken und in der warmen Sahne auflösen.

Crème fraîche zufügen und mit der Sahne glatt rühren. Die Creme auf 4 Dessertgläser verteilen und abgedeckt in 3 bis 4 Stunden im Kühlschrank erstarren lassen.

Die Panna cotta vor dem Servieren mit kleinen Tupfen Hagebuttenkonfitüre dekorieren.

Parfait vom grünen Tee

Zutaten für 8 Portionen:

*10 g Matchateepulver (gemahlener japanischer grüner Tee) |
4 EL Mirin (Reiswein) | 4 Eigelbe | 100 ml Milch | 80 g Zucker |
300 g Sahne*

Zubereitung:

Das Teepulver mit dem Mirin verrühren. In einem großen Topf Wasser erhitzen, aber nicht kochen lassen. Die Eigelbe und Zucker in eine Metallschüssel geben. Alles im warmen Wasserbad in 5 Minuten dickcremig aufschlagen. Die Milch und den Tee in dünnem Strahl zugeben und noch 1 Minute weiterschlagen.

Eiskaltes Wasser in einen zweiten Topf oder das Spülbecken laufen lassen. Die Parfaitmasse in diesem kalten Wasserbad weiterschlagen, bis sie abgekühlt ist.

Die Sahne nicht zu steif schlagen. Unter die Parfaitmasse ziehen.

Eine gefrierbeständige Form (ca. 20 x 15 cm, 4 cm hoher Rand) mit Klarsichtfolie auslegen. Die Parfaitmasse einfüllen und glatt streichen. Mit Folie abdecken und mindestens 5 Stunden, am besten über Nacht, gefrieren lassen.

Kurz vor dem Servieren die Folie entfernen. Das Parfait in 3 cm große Würfel schneiden und in vier Schälchen anrichten.

UND DAZU: Mit Matchagebäck servieren.

Windbeutel mit Matchacreme

Zutaten für 20 bis 25 Stück:

Für die Windbeutel:

100 g kalte Butter | 125 ml Milch | ¾ TL Zucker | feines Salz |
150 g Mehl, gesiebt | 4 Eier + 1 Eigelb | Hagelzucker

Für die Füllung:

250 ml Milch | 50 g Zucker | 20 g Mehl | 20 g Stärke | 3 Eigelbe |
2 TL Matchateepulver (gemahlener japanischer grüner Tee) |
100 g Sahne

Zubereitung:

Für die Windbeutel die Butter in kleine Würfelchen schneiden. 125 ml Wasser mit Milch, Butter, Zucker und ½ TL Salz in einen Topf geben und zum Kochen bringen. Einmal aufkochen lassen, das Mehl auf einmal zugeben und so lange rühren, bis sich ein Kloß bildet, der sich vom Topfboden löst und ein weißlicher Belag am Topfboden sichtbar wird.

Den Backofen auf 200 °C (Umluft 180 °C) vorheizen. Den Teig in eine Schüssel geben und sofort die Eier einzeln gut unterrühren, am besten mit dem Küchenmixer. Den Teig in einen Spritzbeutel geben und kleine Teigkugeln auf ein mit Backpapier belegtes Backblech spritzen. Das Eigelb verquirlen und die Teigbällchen damit bestreichen. Mit Hagelzucker bestreuen. Im Ofen (Mitte) 4 bis 5 Minuten backen.

Dann die Backofentür einen Spalt breit öffnen und einen Kochlöffel dazwischen klemmen, sodass sie offen bleibt. So noch 5 bis 15 Minuten weiterbacken, ganz nach Größe der Windbeutel. Inzwischen 200 ml Milch in einem Topf erhitzen. Zucker, Mehl und Stärke mischen. Die restlichen 50 ml Milch mit den Eigelben verquirlen und mit der Mehlmischung glatt rühren. Den Topf mit der heißen Milch vom Herd nehmen und in die Mehlmilch einrühren. Wieder auf den Herd stellen und erhitzen, bis eine feste Creme entsteht. Dann das Teepulver unterrühren, sodass es sich gut verteilt. Die Creme durch ein Sieb streichen und erkalten lassen. Schließlich die Sahne steif schlagen und unter die kalte Creme heben. Die Windbeutel quer aufschneiden und jeweils mit etwas Matchacreme füllen.

Banchagranité

Zutaten für 4 Personen:

*2 Kardamomkapseln | 2 EL grüner Tee (z. B. Bancha) |
1 EL Limettensaft | 50 g Zucker*

Zubereitung:

Die Kardamomkapseln mit dem Messerrücken zerdrücken oder im Mörser zerstoßen. 400 ml Wasser und den Kardamom in einem Topf zum Kochen bringen. Von der heißen Herdplatte nehmen und 5 Minuten abkühlen lassen. Die Teeblätter hineingeben und etwa 3 Minuten ziehen lassen. Durch ein Teesieb in einen hohen Rührbecher abgießen.

Limettensaft und Zucker so lange mit dem Schneebesen unterschlagen, bis sich der Zucker komplett aufgelöst hat. Den Sud abkühlen lassen.

In eine Metallschüssel gießen und abgedeckt ins Gefrierfach stellen. Nach 1 Stunde Gefrierzeit erstmals mit einer Gabel gut durchrühren, sodass sich ein feinkristallines Granité bildet. Dies nun alle 30 Minuten wiederholen. Insgesamt 4 bis 5 Stunden gefrieren lassen.

Matchasticks

Zutaten für ca. 30 Stück:

80 g Puderzucker | 2 TL Matchateepulver (gemahlener japanischer grüner Tee) | 3 Bio-Limetten | Salz | 150 g kalte Butter | 200 g Mehl | 25 g Speisestärke | 3 Eigelbe | 30 g Zucker

Zubereitung:

50 g Puderzucker mit dem Teepulver mischen. Die Limetten heiß waschen, trocken tupfen. Die Schale von 1 Limette fein abreiben. Mit 1 Prise Salz unter den Puderzucker mischen. Die Butter in Flöckchen zugeben und alles schaumig rühren. Mehl und Stärke rasch einrühren, schließlich die Eigelbe unterrühren.

Den Teig zu einer Platte formen, in Frischhaltefolie wickeln und mindestens 1 Stunde im Kühlschrank ruhen lassen.

Dann den Backofen auf 170 °C (Umluft 150 °C) vorheizen. Ein Backblech mit Backpapier belegen. Die Schale von 2 Limetten fein abreiben und mit 1 EL Zucker im Mörser möglichst fein zermahlen. Mit 1 EL Puderzucker und 15 g Zucker gut mischen.

Die Arbeitsplatte mit dem Limettenzucker bestäuben und den Teig darauf möglichst dünn ausrollen. In 2 cm breite und 6 cm lange Streifen schneiden. Den Zucker von der Arbeitsplatte in eine kleine Tasse geben und mit 1 EL Puderzucker mischen.

Die Teigstäbchen auf das Backblech legen und im Ofen (Mitte) 5 Minuten backen. Die Matchasticks sind fertig, wenn sie durchgebacken sind, aber möglichst noch keine Farbe angenommen haben. Herausnehmen und auskühlen lassen.

Mit dem Limettenpuderzucker bestreuen.

Schwarzer und weißer Tee

Salatvinaigrette mit Earl-Grey-Tee

Earl-Grey-Tee: 2 Beutel Earl-Grey-Tee mit 250 ml kaltem Wasser übergießen und abgedeckt 24 Stunden im Kühlschrank durchziehen lassen. Anschließend die Teebeutel herausnehmen.

Sauce für 1 Kopfsalat:

1 Schalotte | 250 ml Earl-Grey-Tee (kalter Aufguss) | ½ EL milder Essig | ½ EL Zitronensaft | Salz & Pfeffer | 3 EL Olivenöl | ½ TL Honig | 1 Msp. Cayennepfeffer

Zubereitung:

Die Schalotte abziehen und fein würfeln. Den kalten Tee mit der Schalotte, Essig, Zitronensaft, Salz und Pfeffer verrühren. Honig und Cayennepfeffer unterrühren. Schließlich das Olivenöl unterschlagen. Den Salat unmittelbar vor dem Servieren damit mischen.

GUT ZU WISSEN: Unter Umständen wirkt der Salat aufgrund des Schwarzteedressings leicht aufputschend. Die Earl-Grey-Vinaigrette passt natürlich auch zu anderen Blattsalaten.

Frühlingsrollen mit Ceylonteelachs

Zutaten für 4 Portionen:

*8 kleine Teigblätter für Frühlingsrollen (12 x 12 bis 15 x 15 cm) |
1 Möhre | 2 Frühlingszwiebeln | 1 haselnussgroßes Stück Ingwer |
1 Knoblauchzehe | 1 EL Öl + Öl zum Ausbacken |
50 g Sojasprossen | 1 Eiweiß | 5 TL Ceylonteeblätter |
600 g Lachsfilet | Sojasauce*

Zubereitung:

Die Möhre putzen, waschen und auf der groben Reibe in feine Streifen hobeln. Die Frühlingszwiebeln putzen und in ähnlich feine Streifen
schneiden. Den Knoblauch abziehen und fein hacken. Den Ingwer
schälen und fein reiben.

1 EL Öl in einer beschichteten Pfanne erhitzen. Das Gemüse, Sojaspros-
sen, Knoblauch und Ingwer darin kurz pfannenrühren.

Die Frühlingsrollenblätter behutsam trennen und auf der Arbeitsfläche
auslegen. Das Eiweiß in eine Tasse geben. Auf jedes Frühlingsrollenblatt
mittig je ein Achtel der Füllung geben. 3 Ecken des Teigblatts darüber-
falten (wie bei einem Briefumschlag). Die 4. Ecke mit Eiweiß bestreichen
und den gefüllten Teig zur Frühlingsrolle aufrollen.

Die Teeblätter mit 500 ml kochend heißem Wasser aufgießen und 2 bis
3 Minuten ziehen lassen. Durch ein Sieb in eine Pfanne abseihen. Den
Lachs kalt abbrausen, trocken tupfen und in mundgerechte Stücke
schneiden. Im heißen Tee zugedeckt etwa 5 Minuten glasig ziehen lassen. Währenddessen Öl etwa 2 cm hoch in einen kleinen Topf geben
und erhitzen. Die Frühlingsrollen im heißen Öl schwimmend in 3 bis 4 Minuten ausbacken.

Die Frühlingsrollen mit den Lachsstücken und Sojasauce servieren.

Assam-Gewürz-Eier

Zutaten für 3 Portionen:

6 Eier | 7 EL Sojasauce | 2 TL Salz | 2 TL Zucker | 3 TL Assamteeblätter | 2 Sternanis | 1 kleine Zimtstange | 1 TL frisch gemahlener Pfeffer

Zubereitung:

Die Eier in kochendem Wasser 4 Minuten kochen.

Währenddessen aus allen übrigen Zutaten eine Gewürzmischung herstellen und diese mit 1 l Wasser zum Kochen bringen.

Die Eier aus dem Kochwasser heben. Die Schale mit einem Löffel rundum vorsichtig anschlagen, sodass sie Risse bekommt. Die Eier vom Löffel ins kochende Gewürzwasser gleiten lassen. Weitere 5 Minuten kochen lassen.

Die Eier mit kaltem Wasser abschrecken. Den Sud abkühlen lassen. Die Eier dann wieder hineinlegen und darin abgedeckt 2 Tage im Kühlschrank durchziehen lassen.

UND DAZU: Die Eier pellen und am besten mit Schwarzbrot und Butter servieren.

Gebratenes Gemüse in Rauchtee

Lapsang-Souchong-Tee: 1 EL Lapsang-Souchong-Teeblätter mit 100 ml sprudelnd kochendem Wasser überbrühen. Den Tee 5 Minuten ziehen lassen. Durch ein Sieb abseihen.

Für 4 Personen:

1 Knoblauchzehe | 4 junge Möhren | 1 Bund Frühlingszwiebeln |
8 frische Babymaiskolben | 200 g Zuckerschoten | 1 Kohlrabi |
100 ml Lapsang-Souchong-Rauchtee | Zesten von 1 Bio-Orange |
1 EL Aceto balsamico | 1 EL Honig | 1 EL Sojasauce |
2 EL Olivenöl | gemahlener weißer Pfeffer

Zubereitung:

Den Knoblauch abziehen und fein hacken. Die Möhren putzen, waschen und längs halbieren. Die Frühlingszwiebeln putzen, das dunkle Grün wegschneiden. Die Maiskölbchen und die Zuckerschoten waschen und putzen. Den Kohlrabi schälen und in dünne Scheiben schneiden.

Die Orange heiß waschen und die Schale mit dem Zestenreißer abziehen. Den Rauchtee mit den Orangenzesten, Essig, Honig und Sojasauce verrühren.

Das Öl in einer großen Pfanne erhitzen. Knoblauch und Gemüse darin unter Rühren anbraten. Mit der Teemischung ablöschen. Mit Pfeffer würzen.

UND DAZU: Passt sehr gut zu Reis und kurzgebratenem Fleisch.

WISSENSWERT: Der Rauchtee hat ein sehr eigenes, würzig-feuriges Aroma und ist als Getränk gewöhnungsbedürftig. Gerade zum Kochen – beispielsweise im Wok – ist er aber eine echte Bereicherung!

Venusmuscheln in weißem Tee

Zutaten für 2 Personen:

500 g Venusmuscheln in der Schale | 1 große Knoblauchzehe |
1 große Saftorange | 2 TL fruchtiges Olivenöl | 1 TL weiße
Teeblätter (z. B. Yin Zhen) | 2 TL helle Sojasauce | weißer Pfeffer

Zubereitung:

Die Muscheln unter fließend kaltem Wasser gründlich waschen. Beschädigte Muscheln aussortieren und nicht verwenden, die übrigen in einem Sieb abtropfen lassen.

Den Knoblauch abziehen und fein hacken. Den Saft der Orange auspressen. Das Öl in einer großen Pfanne erhitzen, den Knoblauch darin unter Rühren ganz kurz anbraten. Die Muscheln zugeben und unter Rühren 2 Minuten garen.

Die Muscheln in eine kleine Schüssel umfüllen und zugedeckt warm halten. Den Bratensatz in der Pfanne mit dem Orangensaft ablöschen. Die Teeblätter einrühren und alles einmal kurz aufkochen lassen. Die Sauce mit Sojasauce und Pfeffer abschmecken.

Die Muscheln wieder hineingeben und noch einmal 3 bis 4 Minuten erwärmen.

UND DAZU: Dazu schmeckt am besten frisches Baguette.

Beefburger

Lapsang-Souchong-Tee: 2 TL Lapsang-Souchong-Teeblätter mit 150 ml sprudelnd kochendem Wasser überbrühen. Den Tee 15 Minuten ziehen lassen. Durch ein Sieb abseihen.

Zutaten für 4 Personen:

*150 ml Lapsang-Souchong-Rauchtee | 125 ml Ketchup |
1 EL Worcestersauce | 1 EL Sojasauce | ½ TL Chilipulver |
¼ TL frisch gemahlener Pfeffer | ¼ TL grobes Meersalz |
1 Zwiebel | 300 g Rindertatar | Salz & Pfeffer | 1 EL Olivenöl |
4 Baguettebrötchen | 4 TL Senf | 2 Tomaten | 4 Kopfsalatblätter |
einige Schnittlauchhalme*

Zubereitung:

Für die Barbecuesauce den Tee mit Ketchup, Worcestersauce, Chili, Pfeffer und Salz in einem kleinen Topf aufkochen und offen köchelnd in 5 bis 7 Minuten dicklich einkochen lassen. Dabei gelegentlich umrühren. Den Topf von der heißen Platte nehmen und die Sauce abkühlen lassen. Für die Beefsteaks das Rindertatar gut mit Salz und Pfeffer vermengen und mit angefeuchteten Händen zu 4 flachen Hacksteaks formen. Das Öl in einer Grillpfanne verstreichen und erhitzen. Die Steaks darin in 4 bis 6 Minuten beidseitig braten.

Währenddessen die Zwiebel in Ringe schneiden. Die Tomaten waschen und in Scheiben schneiden. Die Salatblätter waschen und trocken tupfen. Die Brötchen aufschneiden. Jeweils die untere Hälfte mit 1 EL Barbecuesauce bestreichen, die obere mit Senf. Die unteren Hälften jeweils mit Salat, Tomaten und Zwiebelringen belegen. Darauf 1 Hacksteak legen, mit Schnittlauchhalmen garnieren und den mit Senf bestrichenen Brötchendeckel auflegen. Mit der Barbecuesauce servieren.

TIPP: Wenn Sie die Sauce noch einige Tage aufbewahren möchten, geben Sie einen Großteil – den Rest für die Zubereitung der Burger verwenden – noch heiß in ein Schraubglas, verschließen es sofort und lassen die Sauce darin abkühlen. Sie hält sich im Kühlschrank etwa 1 Woche.

Kalbsfilet in Keemuntee geräuchert

Zutaten für 4 Personen:

*1 Bio-Limette | 800 g Kalbsfilet | 2 TL Fleur de sel |
2 EL Keemunteeblätter | 4 EL Sesamöl | 200 g Kirschtomaten |
weißer Pfeffer | 1 Wok mit Dampfeinsatz*

Zubereitung:

Die Limette heiß waschen, trocken tupfen und die Schale von ½ Limette auf der feinen Seite der Küchenreibe abreiben. Mit dem Fleur de sel mischen.

Das Kalbsfilet rundum gut damit einreiben. Abgedeckt 1 Stunde im Kühlschrank marinieren lassen.

Dann das Filet auf den Dämpfeinsatz des Woks legen. Die Teeblätter in den Wok geben. Den Wok stark erhitzen, bis die Teeblätter zu rauchen beginnen. Den Dampfeinsatz aufsetzen, den Deckel auflegen und die Hitzezufuhr etwas reduzieren. Das Filet 10 bis 15 Minuten im Rauch garen. Anschließend in Alufolie wickeln und 10 Minuten ruhen lassen.

Währenddessen die Kirschtomaten waschen und halbieren. 1 EL Öl in einer kleinen Pfanne erhitzen. Die Kirschtomaten darin 3 bis 4 Minuten schmoren lassen.

3 EL Öl in einer zweiten großen Pfanne erhitzen. Das Fleisch darin rundum bei nicht zu starker Hitze braten. Mit etwas Pfeffer würzen.

UND DAZU: Das Filet am besten mit einer fruchtig-scharfen Sauce und Buchweizennudeln mit grünem Tee (Japanshop) servieren.

Getränkter Schokoladenkuchen

Orange-Pekoe-Tee: Zubereiten während der Kuchen bäckt! 2 Beutel Orange-Pekoe-Tee mit 100 ml sprudelnd kochendem Wasser überbrühen. Den Tee 5 Minuten ziehen lassen. Die Teebeutel herausnehmen.

Zutaten für eine Springform (Ø 22 cm):

*2 EL Orange-Pekoe-Teeblätter | 250 g Zartbitterschokolade |
120 g Butter | 5 Eier | 100 g brauner Zucker | 50 g Mehl |
1 TL Backpulver | 70 g gemahlene Mandeln | 100 ml Orange-
Pekoe-Tee | 50 g brauner Zucker*

Zubereitung:

Die Teeblätter im Mörser zu feinem Pulver mahlen. Die Schokolade mit der Butter und dem Teepulver in einem kleinen Topf bei schwacher Hitze schmelzen lassen. Etwas abkühlen lassen.

Dann erst den Backofen auf 180 °C (Umluft 160 °C) vorheizen. Eier und Zucker dickcremig aufschlagen. Mehl, Backpulver und Mandeln mischen. Auf die Eiercreme geben und mit dem Schneebesen vorsichtig unterheben. Die Schokobutter unterziehen.

Den Teig in eine gefettete Springform füllen. Im Ofen (Mitte) 30 Minuten backen.

Währenddessen den Tee wie beschrieben zubereiten. Mit dem Zucker aufkochen lassen und offen bei mittlerer Hitze in circa 15 Minuten zu einem Sirup einkochen lassen.

Den Kuchen nach dem Backen etwas abkühlen lassen. Mit einer Gabel mehrfach einstechen und mit dem Sirup tränken.

UND DAZU: Wer mag, kann zum Schokoladenkuchen noch Vanillesauce servieren.

Darjeelingküchlein

Darjeelingtee: 4 Teebeutel mit 200 ml sprudelnd kochendem Wasser überbrühen. Den Tee 5 Minuten ziehen lassen. Die Teebeutel herausnehmen.

Zutaten für 4 Personen:

*80 g Butter + etwas Butter zum Einfetten | 230 g Mehl |
2 TL Backpulver | 100 g Zucker | 150 g Doppelrahmfrischkäse |
200 ml Darjeelingtee | Salz | 2 Eier | 50 ml Orangenlikör*

Zubereitung:

Den Backofen auf 180 °C (Umluft 160 °C) vorheizen. Die Butter bei schwacher Hitze schmelzen lassen. Flache Backförmchen (Ø 8 cm) leicht einfetten und mit Mehl bestäuben.

Mehl und Backpulver mischen. Den Zucker mit Frischkäse, Butter, 100 ml Darjeelingtee und 1 Prise Salz verrühren. Die Eier unterrühren. Die Mehlmischung zügig unterschlagen.

Den Teig in die Förmchen füllen. Im Ofen (Mitte) 20 bis 25 Minuten backen. Nach Ende der Backzeit 100 ml Darjeelingtee mit dem Likör mischen und über die Küchlein träufeln, solange diese noch heiß sind.

Pu-Erh-Tee-Aufstrich

Zutaten für 2 Gläser (à 150 ml):

130 g Zucker | 25 g Pu-Erh-Tee | 180 ml Milch | 2 Eigelbe |
25 g Speisestärke | 2 EL Rum

Zubereitung:

2 kleine Twist-off-Gläser vorbereiten.

100 g Zucker und 150 ml Wasser in einem Topf verrühren und zum Kochen bringen. Unter Rühren kochen lassen, bis sich der Zucker aufgelöst hat. Den Pu-Erh-Tee einrühren, den Deckel auflegen und den Tee 5 Minuten ziehen lassen.

Das Teekonzentrat durch ein Sieb abseihen. Mit der Milch wieder in den Topf geben und langsam erhitzen, dabei gelegentlich umrühren. Einmal aufkochen lassen, von der heißen Platte nehmen.

Die Eigelbe und 30 g Zucker cremig aufschlagen. Die Speisestärke darübersieben und mit dem Schneebesen unterziehen.

Die heiße Teemilch unter Rühren mit dem Schneebesen zur Eiercreme geben. Alles in den Topf geben und bei schwacher Hitze unter ständigem Rühren noch einmal kurz aufkochen lassen.

Die Teecreme sofort in zwei Twist-off-Gläser füllen. Auf die Teecreme je knapp 1 EL Rum geben und anzünden. Während der Rum brennt, die Gläser fest verschließen, abkühlen lassen und anschließend kühl stellen.

Die Creme hält sich im Kühlschrank etwa 1 Woche.

UND DAZU: Dazu schmecken feine Butterplätzchen aus der Normandie oder gekaufte Shortbreadfingers.

Schwarzteeschokopralinen

Zutaten für 30 Stück:

*250 g Zartbitterschokolade | 125 g Sahne | 2 EL Assamteeblätter |
½ TL Ingwerpulver | 50 g weiche Butter | ca. 30 kleine
Papierpralinenförmchen*

Zubereitung:

Die Sahne mit den Assamteeblättern und dem Ingwerpulver in einem kleinen Topf aufkochen und bei schwacher Hitze 5 Minuten ziehen lassen. Währenddessen die Schokolade fein hacken.

Die Teesahne durch ein Sieb abseihen. Die Schokolade in der Teesahne schmelzen lassen. Etwa 15 Minuten abkühlen lassen.

Die Butter in kleinen Flöckchen auf der Schokoladensahne verteilen und diese anschließend cremig aufschlagen.

Die Masse in einen Spritzbeutel mit Sterntülle füllen und kleine Rosetten in die Förmchen spritzen. Anschließend in eine Dose oder Frischhaltebox geben und kühl stellen. Möglichst innerhalb 1 Woche verzehren.

Ein kleiner Überblick über verschiedene Teesorten

Kräutertees

BOCKSHORNKLEE: Die Samen haben ein intensives herzhaft-würziges Aroma. Er ist oft Bestandteil von Currys oder Masalas. Besonders verbreitet ist der Tee in China und Indien.

BRENNNESSEL: Für den Tee werden die jungen Blättchen geerntet und getrocknet. Sie haben einen herb-frischen, aromatischen Geschmack. Bei frischen Pflanzen kann man nach der Blüte die nussig schmeckenden Samen zum Beispiel über die Suppen streuen.

EUKALYPTUS: Aufgrund seiner ätherischen Öle wirkt er sehr erfrischend.

FENCHEL: Fenchel hat ein leicht süßes, zugleich dezent bitteres, anisartiges Aroma. Deshalb eignet er sich auch gut als Zutat in Marinaden oder Backwaren.

HIBISKUS: Hibiskus hat ein sehr starkes, leicht säuerliches Aroma. Seine kräftige rote Farbe geht in den Tee über. In Australien werden die Hibiskusblüten in Zuckersirup eingelegt und so als Süßigkeit verzehrt oder mit Sekt aufgegossen getrunken.

HOLUNDERBLÜTEN: Das Aroma von frischen Holunderblüten ist blumig-süß. Holunderblüten schmecken auch im Bierteig – im heißen Öl ausgebacken – sehr lecker.

LÖWENZAHN: Schmeckt bitter mit frischem Aroma. Frische Löwenzahnblätter eignen sich sehr gut für ein Pesto. Mit den gelben Blütenblättern – frisch oder getrocknet – lassen sich wunderbar Suppen oder Salate dekorieren.

Abbildungen: Bockshornklee, Holunderblüten, Löwenzahn, Salbei, Zitronengras, Zitronenverbene, Chun Mee, Genmaicha

SCHAFGARBE: Schafgarbe schmeckt mild-würzig bis bitter. Frisches Schafgarbenkraut passt auch gut in eine Kräuterbutter.

SALBEI: Er hat ein kräftiges, herb-holziges Aroma. Salbei eignet sich für einen sehr würzigen Kräuteressigansatz.

SÜSSHOLZWURZEL: Süßholzwurzel schmeckt leicht süßlich und ist ein wesentlicher Bestandteil von Lakritz. Süßholzwurzel sowie Süßholzwurzeltee sollte nur in Maßen konsumiert werden.

ZITRONENGRAS: Für die Teezubereitung können frische wie auch getrocknete Blätter überbrüht werden. Ihr zitronenartiges, frisches, grasiges Aroma passt gut zur Abrundung von Cocktails und Erfrischungsgetränken. Oder für Meeresfrüchtesalate.

ZITRONENVERBENE: Mit ihren vielen Citrusaromen passt sie sehr gut in Schmorgerichte. Sie verleiht ihnen eine frische Note.

Grüne Tees

BANCHA: Ist ein preiswerter japanischer Grüntee für jeden Tag. Aki Bancha hat wenig Koffein, kann somit auch noch am Abend getrunken werden. Kräftiges, leicht bitteres Aroma.

CHUN MEE: Dieser kräftige Tee mit leicht rauchiger Note ist weniger süß und etwas säuerlicher als andere grüne Teesorten aus China.

GUNPOWDER: Die Teeblättchen werden sehr stark eingerollt. Die kleinen Kugeln erinnern an Schießpulver, woher der Name rührt. Der Tee hat ein bitteres, herbes Heuaroma.

Abbildungen: Keemun, Matcha, Bancha, Lapacho, Yin Zen, Mate, Rooibos, Orangenschale

GENMAICHA: Genmaicha bedeutet »Naturreistee«. Diese traditionelle Teespezialität enthält geröstete Vollreiskörner. Die Teebasis bildet Bancha oder Matcha. Ein Tee mit leichter, natürlicher Süße.

MATCHA: Enthält sehr viel Chlorophyll und ist damit reich an Vitamin C, Karotin sowie Koffein. Matcha ist ein stark belebendes und vitalisierendes Getränk. Das Teepulver wird wie Kakao eingerührt und mitgetrunken. Sein Aroma ist eher süß, nicht bitter.

PAO CHONG: Ist ein edler, zarter grüner Tee, dessen Aroma an Veilchen und Sandelholz erinnert.

SEN CHA: Sen Cha bedeutet »gebratener Tee«. Er ist ein milder und bekömmlicher Grüntee mit wenig Koffein.

Schwarze Tees

DARJEELING: Gehört zu den besten Teesorten der Welt. Er ist gerbstoffarm. Sein Aroma ist sehr fein, mild und blumig.

KEEMUN: Ist ein sehr milder, leichter und aromatischer chinesischer Tee aus der Provinz Anhul. Da er wenig Gerbsäure enthält, wird er auch bei längerer Ziehdauer nicht bitter. Sein Aroma erinnert an Orchideen.

LAPSANG SOUCHONG: Der kräftige Schwarztee wird über schwelenden Kiefernwurzeln oder harzreichem Fichtenholz geräuchert. Sein Aroma erinnert an Grillfeuer.

Weitere Tees

LAPACHO: Wird aus der Rinde des Lapachobaumes gewonnen. Dieser wächst in den Regenwäldern zwischen Mexiko und Argentinien. Der Tee enthält wenige Gerbstoffe und schmeckt angenehm mild.

MATE: Matetee ist das Volksgetränk der Ureinwohner Südamerikas. Er schmeckt auch sehr gut als Eistee. Sein Aroma ist rauchig, erdig und süß-säuerlich.

ORANGENSCHALENTEE: Die fein geschnittene Orangenschale eignet sich auch zur Aromatisierung von Glühwein oder Süßspeisen.

PU-ERH: Der rote teilfermentierte chinesische Tee schmeckt herb-erdig. Sein Koffeingehalt entspricht dem eines schwarzen Tees. Je älter der Tee, desto höher sein Preis.

ROOIBOS: Der Rotbuschstrauch aus Afrika ist reich an Mineralstoffen und Spurenelementen. Die Wärmefermentierung verleiht diesem Tee ein vanilleartiges, dennoch leicht fruchtiges Aroma.

YIN ZEN: Yin Zen bedeutet »Silbernadel«. Dieser Tee gehört zu den bekanntesten und beliebtesten Sorten des weißen Tees. Diesen exklusiven Tee können Sie mehrfach aufgießen, und jeder Aufguss wird ein anderes Aroma aufweisen.

LOGI-Methode

Glücklich und schlank.
Mit viel Eiweiß und dem richtigen Fett.
Das komplette LOGI-Basiswissen.
Mit umfangreichem Rezeptteil.
Dr. Nicolai Worm
978-3-927372-26-9 **19,90 €**

Die LOGI-Methode – Der Film. (DVD)
Die LOGI-Methode leicht verständlich
erläutert von Dr. Nicolai Worm.
Dr. Nicolai Worm
978-3-942772-73-0 **16,99 €**

ERSCHEINT NOVEMBER 2013
VORBESTELLBAR AB SOFORT!

Das große LOGI-Kochbuch.
120 raffinierte Rezepte zur Ernährungs-
revolution von Dr. Nicolai Worm.
Mit exklusiven LOGI-Kompositionen
der Spitzenköche Alfons Schuhbeck,
Vincent Klink, Ralf Zacherl, Christian
Henze und Andreas Gerlach.
Franca Mangiameli
978-3-927372-29-0 **19,95 €**

Das neue große LOGI-Kochbuch.
120 neue Rezepte – auch für Desserts,
Backwaren und vegetarische Küche.
Jede Menge LOGI-Tricks und die klügsten
Alternativen zu Pizza, Pommes und Pasta.
Franca Mangiameli | Heike Lemberger
978-3-927372-44-3 **19,95 €**

Abnehmen lernen.
In nur zehn Wochen!
Das intelligente LOGI-Power-Programm
zur dauerhaften Gewichtsreduktion.
Mit diesem Tagebuch werden Sie Ihr
eigener LOGI-Coach!
Heike Lemberger | Franca Mangiameli
978-3-927372-46-7 **18,95 €**

Vegetarisch kochen mit
der LOGI-Methode.
LOGI ohne Fisch und Fleisch?
Na klar! 80 innovative und kreative
LOGI-Veggie-Rezepte.
Wenige Kohlenhydrate – glutenfrei!
Susanne Thiel | Dr. Nicolai Worm
978-3-927372-80-1 **19,95 €**

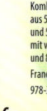

Das große LOGI-Fischkochbuch.
Köstliche Gerichte mit Fisch und Meeres-
früchten aus heimischen Gewässern und
aus aller Welt.
Susanne Thiel | Anna Fischer
978-3-942772-07-5 **19,99 €**

Das große LOGI-Back- und
Dessertbuch.
Über 100 raffinierte Dessertrezepte,
die Sie niemals für möglich gehalten
hätten. So macht Lernen bei LOGI
noch mehr Spaß!
Mit ausführlichem Stevia-Extrakapitel.
Franca Mangiameli | Heike Lemberger
978-3-927372-66-5 **19,95 €**

Das große LOGI-Grillbuch.
120 heiß geliebte Grillrezepte
rund um Gemüse, Fisch und Fleisch.
Ein Fest für LOGI-Freunde!
Heike Lemberger | Franca Mangiameli
978-3-942772-12-9 **19,99 €**

LOGI im Alltag, in der Praxis
und in der Klinik.
Andra Knauer
978-3-942772-31-0 **8,99 €**

LOGI durch den Tag.
Kombinieren Sie Ihren LOGI-Abnehmplan
aus 50 Frühstücken, 50 Mittagessen
und 50 Abendessen. Maximale Sättigung
mit weniger als 1.600 Kalorien
und 80 Gramm Kohlenhydraten pro Tag!
Franca Mangiameli
978-3-927372-79-5 **29,95 €**

Das LOGI-Menü.
Logisch kombiniert: 50 Vorspeisen,
50 Hauptgerichte, 50 Desserts.
Franca Mangiameli
978-3-927372-60-3 **29,95 €**

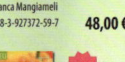

Die LOGI-Akademie.
LOGI lehren – LOGI verstehen.
Ein Leitfaden zur Patientenschulung
und zum Selbststudium.
Franca Mangiameli
978-3-927372-59-7 **48,00 €**

LOGI-Guide.
Tabellen mit über 500 Lebensmitteln,
bewertet nach ihrem glykämischen Index
und ihrer glykämischen Last.
Franca Mangiameli
Dr. Nicolai Worm | Andra Knauer
978-3-942772-02-0 **6,99 €**

Fett Guide.
Wie viel Fett ist gesund? Welches
Fett wofür? Tabellen mit über 500
Lebensmitteln, bewertet nach ihrem
Fettgehalt und ihrer Fettqualität.
Heike Lemberger
Ulrike Gonder | Dr. Nicolai Worm
978-3-942772-09-9 **9,99 €**

Die LOGI-Kochkarten.
Die besten LOGI-Rezepte.
Einfallsreich, einfach, preiswert.
978-3-927372-45-0 **17,95 €**

Das große LOGI-Familien-
kochbuch.
Die LOGI-Ernährungsmethode für die
ganze Familie in Theorie und Praxis.
Mit 100 tollen Rezepten, die auch Kindern
schmecken.
Marianne Botta | Dr. Nicolai Worm
978-3-927372-96-2 **19,99 €**

Leicht abnehmen!
Geheimrezept Eiweiß.
Gewicht verlieren mit Eiweiß und
Formula-Mahlzeiten. Und dann:
gesund und schlank auf Dauer mit LOGI.
Dr. Hardy Walle | Dr. Nicolai Worm
978-3-927372-39-9 **19,95 €**

Leicht abnehmen!
Das Rezeptbuch.
Gewicht verlieren mit Eiweiß und Formula-
Mahlzeiten. Und für danach: 70 einfache
und abwechslungsreiche LOGI-Rezepte.
Dr. Hardy Walle
978-3-927372-40-5 **12,95 €**

Die LOGI-Jubiläumsbox.
Zehn erfolgreiche, glückliche und schlanke
Jahre mit der LOGI-Methode.
Enthält DIE drei Standardwerke rund um
die LOGI-Methode zum Jubiläumspreis.
- Glücklich und schlank.
- Das große LOGI-Kochbuch.
- Das neue große LOGI-Kochbuch.
Dr. Nicolai Worm | Franca Mangiameli
Heike Lemberger
978-3-927372-68-9 **45,00 EUR**
(erhältlich solange der Vorrat reicht)

NEU

Noch mehr LOGI.
Die LOGI-Fisch-, -Back- und -Grillbox.
Über 400 raffinierte Rezepte.
Die Box beinhaltet:
- das große LOGI-Fischkochbuch
- das große LOGI-Grillbuch
- das große LOGI-Back- und -Dessertbuch
Heike Lemberger | Franca Mangiameli
Susanne Thiel | Anna Fischer
978-3-942772-48-8 **45,00 EUR**
(erhältlich solange der Vorrat reicht)

DIN-A1-Poster:
LOGI-Pyramide.
(erhältlich nur beim Verlag)
6,50 € zzgl. **5,00 €** Versand

LOGI-Grundlagenbroschüren.
- Den Typ-2-Diabetes an der Wurzel packen.
- Syndrom X: Metabolisches Syndrom.
- Süßes Blut macht sich bitter.
(erhältlich nur beim Verlag)

★ Paketpreis für alle drei: **7,50 €**

LOGI/Gesundheit

Der LOGI-Muskel-Coach.
Die ultimative Sporternährung für
Muskelaufbau und Ausdauertraining.
Dr. Torsten Albers | Nicolai Worm
978-3-942772-13-6 **19,99 €**

ERSCHEINT SEPTEMBER 2013
VORBESTELLBAR AB SOFORT!

Mehr vom Sport!
Low-Carb und LOGI in der
Sporternährung.
Unter Mitwirkung zahlreicher
Spitzensportler: Boxweltmeister Felix
Sturm, Schwimmprofi Mark Warnecke,
Leichtathlet Danny Ecker und viele mehr.
Clifford Opoku-Afari | Dr. Nicolai Worm
Heike Lemberger
978-3-942772-41-2 **19,95 €**

**LOGI und Low Carb
in der Sporternährung.**
Glykämischer Index und glykämische
Last – Einfluss auf Gesundheit
und körperliche Leistungsfähigkeit.
Jan Prinzhausen
978-3-942772-30-6 **24,90 €**

**Bauch, Beine, Po – das
LOGI-Workout für Frauen.** (DVD)
Inklusive ausführlichem Booklet.
Matthias Maier | Dr. Nicolai Worm
978-3-942772-08-6 **14,95 €**

Yes, I can!
Erfolgreich schlank in 365 Schritten.
Dr. Ilona Bürgel
978-3-942772-51-1 **15,00 €**

NEU

**Low-Carb für Männer.
Ein Mann – (k)ein Bauch.**
Jetzt noch übersichtlicher – mit komplett
überarbeiteter Kohlenhydrattabelle
zum Nachschlagen.
Barbara Plaschka | Petra Linné
978-3-942772-52-5 **15,99 €**

**Gute Kohlenhyrate –
schlechte Kohlenhydrate**
Pfunde verlieren und Energie tanken
Barbara Plaschka | Petra Linné
978-3-942772-81-8 **12,95 €**

**66 Ernährungsfallen
… und wie sie mit Low-Carb
zu vermeiden sind.**
- in typischen Alltagssituationen
- für Büro und Freizeit
- mit Einkaufsführer im Supermarkt
- mit ausführlichem Restaurant-Guide
Barbara Plaschka | Petra Linné
978-3-942772-55-9 **15,95 €**

Endlich schlank ohne Diät
Erfolgreich abnehmen ohne JOJO-Effekt
und Kalorienzählen – nach dem
LOGI-Erfolgsprinzip von Dr. Nicolai Worm.
Anna Cavelius
978-3-942772-10-5 **9,99 €**

NEU

Iss einfach gut.
Das Prinzip Nahrungskette – einfach und
pragmatisch erklärt vom Koch der
Deutschen Fußballnationalmannschaft.
Holger Stromberg
978-3-942772-28-0 **18,99 €**

Auch erhältlich in Hardcover-Luxus-
ausführung mit Moleskine Gummi und
Saisonkalender als DIN-A3-Poster
978-3-942772-50-1 **24,99 €**

ERSCHEINT NOVEMBER 2013
VORBESTELLBAR AB SOFORT!

Pur, weiß, tödlich.
Warum der Zucker uns umbringt – und
wie wir das verhindern können.
Prof. Dr. John Yudkin | Prof. Dr. Robert Lustig
978-3-942772-41-9 **14,99 €**

NEU

Menschenstopfleber.
Die verharmloste Volkskrankheit
Fettleber.
Dr. Nicolai Worm
978-3-942772-78-8 **19,99 €**

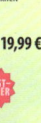

BEST-SELLER

**Syndrom X oder
Ein Mammut auf den Teller!**
Mit Steinzeitdiät aus der Wohlstandsfalle.
Dr. Nicolai Worm
978-3-942772-23-8 **19,90 €**

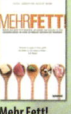

Die Schlafmangel-Fett-Falle.
Schlechter Schlaf macht dick und krank.
Wie Sie trotzdem gesund und schlank
bleiben.
Dr. Nicolai Worm
978-3-942772-94-8 **14,95 €**

Mehr Fett!
Warum wir mehr Fett brauchen, um
gesund und schlank zu sein.
Ulrike Gonder | Dr. Nicolai Worm
978-3-942772-54-2 **19,95 €**

ERSCHEINT OKTOBER 2013
VORBESTELLBAR AB SOFORT!

Sex-Diät.
Besseren Sex durch Abnehmen.
Mit den richtigen Lebensmitteln.
Anna Cavelius
978-3-942772-63-1 **15,99 €**

Ethisch Essen mit Fleisch.
Eine Streitschrift über nachhaltige und
ethische Ernährung mit Fleisch und
die Missverständnisse und Risiken einer
streng vegetarischen und veganen
Lebensweise.
Lierre Keith | Ulrike Gonder
978-3-942772-87-0 **14,99 €**

Stopp Diabetes!
Raus aus der Insulinfalle dank
der LOGI-Methode.
Katja Richert | Ulrike Gonder
978-3-942772-56-6 **16,95 €**

**Stopp Diabetes!
Praxisbuch.**
Ernährungs- und Bewegungspläne.
LOGI-Methode.
Ein besseres Leben mit Diabetes.
Katja Richert
978-3-942772-08-2 **16,99 €**

BEST-SELLER

Heilkraft D.
Wie das Sonnenvitamin vor Herz-
infarkt, Krebs und anderen Zivilisations-
krankheiten schützt.
Dr. Nicolai Worm
978-3-942772-47-4 **15,95 €**

Low-Carb vegan.
40 Rezepte ohne tierische Lebensmittel.
Franca Mangiameli | Heike Lemberger
978-3-942772-68-6 **7,99 €**

ERSCHEINT OKTOBER 2013
VORBESTELLBAR AB SOFORT!

Low-Carb unterwegs.
40 Rezepte für die Reise und zum
Mitnehmen.
Franca Mangiameli | Heike Lemberger
978-3-942772-66-2 **7,99 €**

ERSCHEINT OKTOBER 2013
VORBESTELLBAR AB SOFORT!

Low-Carb – Low Budget.
Kohlenhydratbilanzierte Küche
für den kleinen Geldbeutel.
Wolfgang Link | Dr. med. Jürgen Voll
978-3-942772-65-5 **7,99 €**

ERSCHEINT OKTOBER 2013
VORBESTELLBAR AB SOFORT!

Allergien vorbeugen.
Schwangerschaft und Säuglingsalter
sind entscheidend!
Dr. Imke Reese | Christiane Schäfer
978-3-942772-50-4 **14,95 €**

systemed
verlag

Yoga/Achtsamkeit

Das Hatha Yoga Lehrbuch.
Sampoorna Hatha Yoga, Perfektion in Bewegung. Die 150 schönsten Übungen.
Marcel Anders-Hoepgen
978-3-927372-53-5   **29,95 €**

· **Sampoorna Hatha Yoga Stunde** (DVD)
978-3-927372-64-1   **17,95 €**
· **Sampoorna Hatha Yoga Stunde** (CD)
978-3-927372-65-8   **14,95 €**

· **Sampoorna Hatha Yoga Stunde Stufe 2** (DVD)
978-3-942772-04-4   **17,95 €**

· **Sonnengruß, Teil 1** (DVD + CD)
Das perfekte Workout
978-3-927372-77-1   **16,95 €**

· **Sonnengruß, Teil 2** (DVD + CD)
Der perfekte Stressabbau
978-3-927372-97-9   **16,95 €**

Hebammen Yoga
Übungen zur Geburtsvorbereitung und Rückbildung. Inkl. Mantra-Audio-CD.
Marcel Anders-Hoepgen
978-3-927372-99-3   **19,99 €**

· **Hebammen Yoga** (Doppel-DVD)
Übungen zur Geburtsvorbereitung und Rückbildung.
978-3-942772-03-7   **16,95 €**

· **Augenentspannung** (CD)
978-3-927372-71-9   **8,95 €**
· **Gleichgewicht** (CD)
978-3-927372-72-6   **8,95 €**
· **Nackenentspannung** (CD)
978-3-927372-70-2   **8,95 €**
· **Oberen Rücken stärken** (CD)
978-3-927372-73-3   **8,95 €**
· **Unteren Rücken stärken** (CD)
978-3-927372-74-0   **8,95 €**
· **Bauchmuskulatur stärken** (CD)
978-3-927372-75-7   **8,95 €**

· **Besser schlafen.** (CD)
Entspannung für die Nacht.
978-3-927372-25-9   **12,99 €**
· **Gut schlafen.** (CD)
Entspannung für die Nacht.
978-3-927372-62-7   **9,95 €**
· **Kraft tanken.** (CD)
Entspannung für den Tag.
978-3-927372-61-0   **9,95 €**

Yoga: Jeden Tag neu!
Über 100.000 mögliche Kombinationen für Übungseinheiten à 5 bis 10 Minuten.
Marcel Anders-Hoepgen
978-3-927372-69-6   **28,00 €**

NEU

Anti-Stress-Yoga.
Mit Yoga und Ernährung zurück in die Life-Work-Balance.
Petra Orzech
978-3-942772-46-4   **19,99 €**

NEU

Der Glücksvertrag.
Das 21-Tage-Programm. Ein glückliches Leben in Balance dank einer Formel aus Psychologie und fernöstlicher Heilkunst. *Inklusive DVD.*
Ashish Mehta | Gela Brüggemann
978-3-942772-14-3   **19,99 €**

NEU

Yoga von Kopf bis Fuß.
5-Minuten-Übungen aus dem Sampoorna Hatha Yoga.
Die Box beinhaltet:
· Augenentspannung (CD)
· Gleichgewicht (CD)
· Nackenentspannung (CD)
· Oberen Rücken stärken (CD)
· Unteren Rücken stärken (CD)
· Bauchmuskulatur stärken (CD)
Brahmadev Marcel Anders-Hoepgen
978-3-942772-45-7   **30,00 EUR**
(erhältlich solange der Vorrat reicht)

Nada-Yoga-Musik-Reihe
· **Eternal OM** (CD)
978-3-942772-16-7   **12,99 €**
· **Shanti** (CD)
978-3-942772-29-7   **12,99 €**
· **Runterkommen** (CD)
978-3-942772-17-4   **12,99 €**
· **Gelassenheit** (CD)
978-3-942772-15-0   **12,99 €**

Ich habe so lange auf Dich gewartet!
Der lange Weg durch die Kinderwunsch-therapie. Ein Tagebuch – ärztlich kommentiert und ergänzt – über Hoffnungen, Misserfolge, Wegbegleiter und das Wunschkind.
Prof. Dr. Michael Ludwig | Maileen L.
978-3-942772-11-2   **15,99 €**

NEU

Achtsam abnehmen – 33 Methoden für jeden Tag.
Ronald Pierre Schweppe
978-3-942772-30-3   **12,99 €**

Schlank durch Achtsamkeit.
Durch inneres Gleichgewicht zum Idealgewicht.
Ronald Pierre Schweppe
978-3-942772-00-6   **14,95 €**

NEU

Mut zur Trennung.
Plädoyer für eine mutige und produktive Entscheidung – Kinder brauchen Aufrichtigkeit.
Jutta Martha Beiner
978-3-942772-47-1   **15,99 €**

Natürlich verhüten ohne Pille.
Welche Methode ist die beste?
Alle sicheren Alternativen. Was tun bei Kinderwunsch? Wie man die natürlichen Techniken rasch und sicher erlernt.
Anita Heßmann-Kosaris
978-3-927372-63-4   **14,95 €**

ERSCHEINT SEPTEMBER 2013
VORBESTELLBAR AB SOFORT!

Der Gen-Code.
Das Geheimnis der Epigenetik – Wie wir mit Ernährung und Bewegung unsere Gene positiv beeinflussen können.
Dr. Ulrich Strunz
978-3-942772-01-3   **16,99 €**

Kräuter & Gewürze als Medizin
· Gesund und schlank mit Vitalkräften aus der Apotheke der Natur.
Klaus Oberbeil
978-3-927372-92-4   **19,95 €**

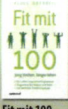

Fit mit 100
Jung bleiben, länger leben
· Ein Leben lang schlank & glücklich
· Programme für Körper und Seele
· 100 wertvolle Ernährungstipps
Klaus Oberbeil
978-3-927372-93-1   **14,99 €**

Der Burnout-Irrtum
Ausgebrannt durch Vitalstoffmangel – Burnout fängt in der Körperzelle an!
Das Präventionsprogramm mit Praxistipps und Fallbeispielen.
Uschi Eichinger | Kyra Hoffmann
978-3-942772-06-8   **19,99 €**

ERSCHEINT NOVEMBER 2013
VORBESTELLBAR AB SOFORT!

Der Burnout-Irrtum. (Hörbuch CD)
Ausgebrannt durch Vitalstoffmangel – Burnout fängt in der Körperzelle an!
Uschi Eichinger | Kyra Hoffmann
978-3-942772-84-6   **9,99 €**

Gesund durch Stress!
Wer reizvoll lebt, bleibt länger jung!
Hans-Jürgen Richter | Dr. Peter Heilmeyer
978-3-927372-42-9   **15,95 €**

ERSCHEINT OKTOBER 2013
VORBESTELLBAR AB SOFORT!

Gesunder Rücken in 30 Tagen.
Das ganzheitliche 5-Minuten-System.
Inklusive Übungs-DVD.
Marcel Anders-Hoepgen
Michael Anders-Hoepgen
978-3-942772-33-7   **19,99 €**

Gesundheit/Ketogene Ernährung

Auroris Taschenbücher

Schwer verdaulich.
Wie uns die Ernährungsindustrie mästet und krank macht.
Pierre Weill
978-3-942772-40-2 **12,95 €**

Das Kohlenhydratkartell.
Über die Diätkatastrophe, die finsteren Machenschaften der Zuckerlobby und Wege aus dem Diätendschungel.
Clifford Opoku-Afari
978-3-942772-39-6 **12,95 €**

Homöopathie – sanfte Heilkunst für Babys und Kinder.
Homöopathische Behandlung im Alltag.
Angelika Szymczak
978-3-942772-49-5 **14,95 €**

Köstlich kochen mit Tee.
Einfache und inspirierende Rezepte.
Tanja Bischof | Harry Bischof
978-3-942772-76-1 **14,95 €**

Edition Schmieder

Die letzte Reise.
Eine Reise über deutsche Friedhöfe von Sylt bis Konstanz.
Clemens Menne
978-3-927372-76-4 **34,00 €**

Ketogene Ernährung: Das neue Topthema bei systemed.

Krebszellen lieben Zucker – Patienten brauchen Fett.
Gezielt essen für mehr Kraft und Lebensqualität bei Krebserkrankungen.
Prof. Ulrike Kämmerer
Dr. Christina Schlatterer | Dr. Gerd Knoll
978-3-927372-90-0 **24,99 €**

Ketoküche für Einsteiger: Rezepte & Kraftshakes.
50 ketogene Rezepte, die schmecken.
Ulrike Gonder | Dorothee Stuth
978-3-942772-42-6 **14,99 €**

Ketogene Ernährung bei Krebs.
Die besten Lebensmittel bei Tumorerkrankung.
Professor Dr. Ulrike Kämmerer
Dr. Christina Schlatterer | Dr. Gerd Knoll
978-3-942772-43-3 **14,99 €**

Grundlagenbroschüre Ketogene Ernährung bei Krebserkrankungen.
Prof. Ulrike Kämmerer
Dr. Christina Schlatterer | Dr. Gerd Knoll
(erhältlich nur beim Verlag) **3,50 €**

Praxisbroschüre Rezepte zur Unterstützung einer ketogenen Ernährung für Krebspatienten.
Prof. Ulrike Kämmerer | Nadja Pfetzer
(erhältlich nur beim Verlag) **6,90 €**
♦ Paketpreis für beide: **8,90 €**

Stopp Alzheimer!
Wie Demenz vermeiden und behandelt werden kann.
Dr. Bruce Fife
978-3-942772-26-6 **24,99 €**

Stopp Alzheimer! Praxisbuch.
Wie Demenz vermeiden und behandelt werden kann.
Dr. Bruce Fife
978-3-942772-27-3 **12,99 €**

Ketoküche zum Genießen.
Mit gesunden Gewürzen und Kokosnuss.
100 ketogene Rezepte für Genießer.
Bettina Matthaei | Ulrike Gonder
978-3-942772-44-0 **19,99 €**

Kokosöl (nicht nur) fürs Hirn!
Wie das Fett der Kokosnuss helfen kann, gesund zu bleiben und das Gehirn vor Alzheimer und anderen Schäden zu schützen.
Ulrike Gonder
978-3-942772-38-9 **5,99 €**

Das Beste aus der Kokosnuss.
Natives Bio-Kokosöl und Bio-Kokosmehl.
Ulrike Gonder
978-3-942772-56-3 **4,99 €**

Positives über Fette und Öle.
Warum gute Fette und Öle so wichtig für uns sind.
Ulrike Gonder
978-3-942772-57-0 **4,99 €**
Alle 3 Bücher im Paket
978-3-942772-55-6 **12,00 €**

Bestellen Sie direkt beim Verlag.

Versandkostenfreie Lieferung.

Alle bereits erschienenen Bücher sind sofort lieferbar.

Mehr Infos zum Programm, zu den Autoren und zu weiteren Neuerscheinungen finden Sie auf unserer website:

www.systemed.de.

systemed Verlag
Kastanienstraße 10
D-44534 Lünen
Telefon: 02306 63934
Fax: 02306 61460
faltin@systemed.de

systemed verlag

Impressum. ©2013 unveränderte Taschenbuchauflage der Originalaus-
gabe »Köstlich kochen mit Tee«

©2010–2013 systemed Verlag, Lünen. Alle Rechte vorbehalten. Nach-
druck, auch auszugsweise, sowie Verbreitung durch Film, Funk und Fern-
sehen, durch fotomechanische Wiedergabe, Tonträger und Datenver-
arbeitungssysteme jeglicher Art nur mit schriftlicher Genehmigung des
Verlages.

REDAKTION:	systemed Verlag, Lünen
	systemed GmbH, Kastanienstr. 10,
	44534 Lünen
REZEPTAUTOREN:	Tanja und Harry Bischof
FOTOS UND FOODSTYLING:	Tanja und Harry Bischof
	Studio L'Eveque, München
FOODASSISTENT:	Bea Spindler, München
ACCESSOIRES:	Le Bazar de Cuisine, München
GESTALTUNG, SATZ, COVER:	A flock of sheep, Lübeck
UMSCHLAGKONZEPT:	Guter Punkt, München
DRUCK:	Druckerei C.H.Beck, Nördlingen
ISBN:	978-3-942772-76-1

2. Auflage